5x7.1

Ein Vertiefungskurs

Fünf Wochen mal sieben Tage

Birgit Schindler

Frieden schließen mit der eigenen Lebensgeschichte

Über diesen Kurs

Wie kommt mein Christsein vom Kopf ins Herz, in Hände und Füße? Viele Menschen empfinden Schwierigkeiten mit dem authentischen Christsein, wenn alte Wunden nicht heilen wollen oder ihre bisherige Glaubenspraxis angesichts unerwarteter Herausforderungen versagt. Mangelnde Vergebungsbereitschaft etwa kann zu lebenslangen Blockaden führen, nicht verstandene und akzeptierte Leiderfahrungen ziehen nicht selten existenzielle Zweifel an Gott und seiner Liebe zu mir nach sich. Solchen und ähnlichen Problemen stellt sich »Frieden schließen mit der eigenen Lebensgeschichte«, das erste Modul des neuen Vertiefungskurses »5x7«, der von der Geistlichen Gemeinde-Erneuerung in der Evangelischen Kirche (GGE) herausgegeben wird. Das Besondere dieses Kurses, dessen Module jeweils über einen Zeitraum von fünf Wochen in Gemeindegruppen oder auch individuell bearbeitet werden können, liegt in seiner Vertiefung durch tägliche Übungen. Angelehnt an die ignatianische Exerzitienpraxis erhalten die Teilnehmenden Anleitungen, wie sie das jeweilige Wochenthema in täglicher Stille, Meditation und Gebet für ihr Leben entfalten können. Die persönliche Spiritualität wird dabei durch Austausch in einer Kleingruppe oder Zweierschaft und, je nach Bedarf, auch durch seelsorgerliche oder therapeutische Begleitung ergänzt.

Birgit Schindler (Jahrgang 1954) kam mit 17 Jahren zum Glauben und studierte Theologie, um einmal vollzeitlich weitersagen zu können, wonach sie lange gesucht hatte. Anschließend war sie in der Studentenarbeit engagiert, dann Pfarrerin in einer Gemeinde der Evangelischen Kirche im Rheinland. Nachdem sie Anfang der 1980er Jahre die charismatische Bewegung kennen gelernt hatte, war sie ehrenamtlich im Leitungskreis und Vorstand der GGE engagiert. 1993 gründete sie zusammen mit Freunden, zunächst unter dem Dach der GGE, eine neue Gemeinde in Aachen, die sich 1996 der Vineyard Bewegung anschloss. Seitdem leitet sie diese Gemeinde und ist überregional in zahlreichen Initiativen im Rahmen geistlicher Gemeinschaften engagiert.

Birgit Schindler

Frieden schließen mit der eigenen Lebensgeschichte

GGE verlag
Geistliche Gemeinde-Erneuerung
in der Evangelischen Kirche

Impressum

Birgit Schindler
5x7. Ein Vertiefungskurs. Fünf Wochen mal sieben Tage
1. Modul: Frieden schließen mit der eigenen Lebensgeschichte

Arbeitskreis für Geistliche Gemeinde-Erneuerung in der
Evangelischen Kirche e.V., Schlesierplatz 16, 34346 Hann. Münden

ISBN 978-9812055-6-5

Satz + Gestaltung: Katja Lehmann, kulturlandschaften.
Bildnachweis: Birgit Schindler, Lioba Munz OSB
Druck: Gustav Winter, Druckerei und Verlagsgesellschaft mbH

Inhalt

Vorwort

Das Leben ist das größte Geschenk, das es gibt. Mein Sein ist ein Geschenk für mich und für alle Menschen um mich herum. Ich freue mich an meinem Leben, es gibt nichts Schöneres. Wie viele Menschen können das mit Überzeugung sagen?

Birgit Schindler ist in ihrem Kurs genau dieser Frage auf der Spur. Wie kann ein Mensch das Leben voller Freude und als größtes ihm gegebenes Geschenk umarmen? Bestimmt gibt es viele Leser, die meine ersten Sätze als schwärmerisch empfinden. Wie kann in all der Zerbrochenheit, die uns umgibt, ein Mensch ein durchgängig positives Lebensbild haben? Birgit Schindler beschreibt einen Weg zu diesem positiven Lebensbild. Es beginnt damit, dass sich ein Mensch seinem Leben stellt, nichts beschönigt, nichts bewusst verdrängt oder zur Seite schiebt. Es geht um eine ehrliche Darstellung seines Leben, aller Erfahrungen, jeder Zerbrochenheit, aller Fehler, Verletzungen, Ungerechtigkeiten und aller Gefühle, die sich zerstörend auf den Menschen selbst und sein Umfeld ausgewirkt haben. Dann geht es darum, mit diesem Flickwerk eines eigenen Lebens Gott zu begegnen, ja mit Gott ausführlich darüber zu sprechen. Man kann Gott wirklich an jedem Ort der eigenen Vergangenheit begegnen und durch die Erfahrung seiner Gegenwart Versöhnung mit dem Leben an und für sich und mit Menschen im Speziellen finden.

Einer der wichtigsten Schritte, um Frieden mit seinem eigenen Leben schließen zu können, ist die Vergebung. Menschen, die sich selbst und dem Nächsten vergeben können, machen die Erfahrung, dass sie einen riesigen Rucksack mit schwerem Ballast ausleeren können. Diese Erfahrung öffnet die Tür zum Umarmen von Schmerzen, Niederlagen und Ungerechtigkeiten, die uns nicht weiter zerstören müssen, die Sinn bekommen können, weil wir Jesus Christus genau in diesen Erinnerungen in besonderer Weise begegnen können. Am Ende des Prozesses steht die Erfahrung dieses erfüllenden Lebens – dass das Leben das größte Geschenk ist, das wir bekommen haben. Es verliert das Bedrohliche und setzt Freude, Friede und Hoffnung frei.

Ich wünsche allen Teilnehmenden an diesem Kurs diese tiefe Jesusbegegnung, die wirklich alles neu machen kann.

Martin Bühlmann,
Leiter der Vineyard Bewegung in Deutschland, Österreich und der Schweiz.

Vorwort

Zur Lebensgeschichte gehört es dazu, dass man mal früher, mal später beginnt, Bilanz zu ziehen. Ich selbst bin womöglich zu jung, um vom Heute aus mein Leben schon bilanzieren und entsprechend bewerten zu können. Dennoch weiß ich, was Geschichte heißt; weiß ich, was das Gestern erzählt: Geschichten, die man als Kind, als Teenager, als junger Erwachsener hörte. Hören musste. Ein Einüben wider Willen, manchmal. Und je weiter man gräbt und hinhört, desto mehr zeigt sich, was da an Wurzeln gewachsen ist. Die Saat ist aufgegangen.

Die Vorstellung, etwas auszusäen und entsprechend dafür den Ertrag einzufahren, ist vielen auch in einer technisierten Welt als Bild vertraut. Nicht zuletzt, weil es aus der Bibel herüber klingt. Nun ist es ja so, dass man oft auch Dinge erntet, die man nicht selbst säte, nicht beabsichtigte und die im Heute aus dem Vorrat der Lebensscheune in das alltägliche Brot gebacken werden. An diesem Brot beißt man sich die Zähne aus. Im Glauben, im Lieben und auch im Hoffen.

Birgit Schindler hilft mit dem Kurs »Frieden schließen mit der eigenen Lebensgeschichte« dabei, zugenagelte Scheunentore aufzureißen. Sie will Luft und Leben hineinbringen in die Dinge, die tief vergraben und trotzdem so unheimlich wirksam sind. Will helfen, Verständnis zu wecken, zu verstehen und zu vergeben. Dabei wählt sie einen Zugang, der sehr behutsam bleibt. Zärtlich fast, ohne zu nahe zu treten. Und sanft, ohne unwirksam zu bleiben.

Ich kann diesen Kurs nur empfehlen, da in den einzelnen Einheiten deutlich wird, dass es nicht allein um die Lösung größerer und kleinerer Lebensprobleme geht. »Jesus« ist hier nicht nur eine Chiffre für ein mehr oder weniger großes Lebensglück, das wir zu verwirklichen suchen, sondern umfasst einen Prozess, meint einen Weg, der sich eröffnet, wenn Menschen es wagen, sich im Heute auf ihr je eigenes Gestern einzulassen, um im Morgen staunend die Schönheit des Lebens neu von Gott her zu verstehen. Der Kurs ist wohltuend einfühlsam konzipiert und formuliert. Birgit Schindler weiß um die Möglichkeiten und um die Grenzen seelsorgerlicher Arbeit. Da finden sich keine versteckten Gesundheitsimperative und Andeutungen davon, dass ein verwundetes Leben ein defizitäres Leben sei. Ihr geht es darum, Jesus als Herrn, Bruder und Begleiter im Leben zu erleben und ihn als – schönes altes Wort: – »Heiland« zu erfahren.

Allen Teilnehmerinnen und Teilnehmern an diesem Kurs wünsche ich das Erleben von Gottes Behutsamkeit. Den Mut, mit der eigenen Geschichte zu leben und Vertrauen darauf, dass es Sinn macht, den Samen aus den alten Scheunen für neues Leben auszusäen und sein Brot zu essen. (Psalm 102)

Dr. Norbert Roth,
Pfarrer an der Bischofskirche der Evangelisch-Lutherischen Kirche in Bayern,
St. Matthäus in München.

Einleitung

Lange habe ich von einem Vertiefungskurs für unsere Gemeinde geträumt und verschiedene Ansätze ausprobiert. Viele wünschen sich geistliches Wachstum in ihrem Leben. Sie wünschen sich, dass das, was sie wissen, in ihrem Leben praktisch wird und im Alltag Auswirkungen hat. Und so hatten wir schon verschiedenste Tagungen und Konferenzen in der Gemeinde zu Themen des Christseins. Doch an Wissen mangelt es den meisten nicht, sondern daran, dass sie es nur schlecht in ihren Alltag transportieren können.

2006 habe ich klassische ignatianische Exerzitien kennen gelernt. Dabei schweigt man zehn Tage lang, hält täglich vier Gebetszeiten von jeweils einer Stunde und reflektiert die Erfahrungen dieser Zeiten täglich in einem Einzelgespräch mit einem Begleiter. Dadurch habe ich erfahren, wie praktisch vertieft werden kann, was man theoretisch weiß. Lange gekannte biblische Wahrheiten schlugen dabei tiefer in mir Wurzeln als zuvor. Die Auswirkungen des Erkannten und Erfahrenen im Alltag sind nachhaltig und dauerhaft. Im Blick auf das Thema Vertiefungskurs war es mir, als hätte ich durch meine Exerzitienerfahrungen ein Puzzlestück geschenkt bekommen, das vorher fehlte. Und so habe ich einige Aspekte von geistlichem Leben aufgegriffen, sie im Stil von sogenannten »Exerzitien im Alltag« vertieft und in Module von jeweils fünf bis sechs Wochen Dauer »verpackt«, so dass die Chance größer ist, das Gehörte im Alltag umzusetzen. Dieser Kurs mit dem Thema »Frieden schließen mit der eigenen Lebensgeschichte« ist die erste Veröffentlichung einer Reihe mit verschiedenen weiteren Modulen, die in naher Zukunft als Serie erscheinen wird.

Stilistisch habe ich die Form der mündlichen Rede und Anrede bewusst beibehalten, da es sich um einen Kurs und kein Buch im klassischen Sinn handelt. Der Einfachheit halber benutze ich fast immer die männliche Form, die Leserinnen mögen sich bitte ebenso angesprochen fühlen.

Birgit Schindler

Anleitung für die Kursgestaltung

Es ist möglich, den Kurs in Gemeinden oder Kleingruppen durchzuführen. In seiner hier vorliegenden Grundform geht der Kurs über fünf Wochen mit einem Abschlussabend in der sechsten Woche. Zur weiteren Vertiefung kann fakultativ noch ein Zusatzabend eingeplant werden, der den Kurs um eine Woche verlängert. Es ist grundsätzlich empfehlenswert, während des Kurses einen verbindlichen Ansprechpartner oder Seelsorger zu haben, falls Dinge aufbrechen, die man alleine nur schwer bewältigen kann. Menschen mit Depressionen oder anderen psychischen Vorerkrankungen sollten den Kurs, wenn möglich, nur mithilfe fachlicher Begleitung machen.

Folgende Kontexte eignen sich nach meiner Erfahrung besonders gut für die Durchführung:

1. Der Kurs findet in der Gemeinde statt: Man trifft sich an einem Abend pro Woche und beginnt mit einer Anbetungszeit, gemeinsamem Singen oder einer Stilleübung (je nach Spiritualität der Gemeinde). Danach folgt ein Referat, dann feste Austauschgruppen, in denen über das Gehörte gesprochen wird. (Ab dem zweiten Abend ist es umgekehrt.) Zum Schluss werden die Impulse für die nächste Woche erläutert. Dieses Modell ist der ursprüngliche Rahmen, für den der Kurs gedacht ist.

2. Man hält den Kurs im Hauskreis: Zu Beginn liest man den Vortrag entweder gemeinsam oder bestimmt für jeden Abend eine Person, die das Referat hält, danach tauscht man in der Gruppe seine Erfahrungen aus. (Ab dem zweiten Abend ist es umgekehrt.) Dann werden die Impulse für die Woche besprochen.

Auch andere Aufteilungen sind denkbar: Man liest die Hälfte eines Abendvortrags und nimmt einen Gebets-Impuls für jeweils zwei Tage. Was den dritten Abend betrifft, ist es möglich, einzelne Stationen auszuwählen und das Abendmahl wegzulassen, wenn man es nicht im Hauskreis feiern kann oder möchte. Oder man verteilt das Thema des ersten Abends auf zwei Abende und nimmt am dritten Abend das Thema des zweiten. Die Wochenimpulse bleiben dann so wie sie angegeben sind. Auf diese Weise überspringt man die Gebetsstationen des dritten Abends, da sie nur bedingt »hauskreistauglich« sind und relativ viel Platz benötigen.

3. Den Kurs als Predigtserie halten: Hierbei hält man die Referate als Predigtserie, gibt die Impulse für die Woche mit und bespricht die Erfahrungen entweder in speziell für diesen Kurs gegründeten Austauschgruppen, im Hauskreis oder in einer verbindlichen Zweierschaft.

4. Der Kurs als Hilfe zur seelsorgerlichen Begleitung: In diesem Fall nimmt der Seelsorger den Kurs zur Hilfe, um den Seelsorgesuchenden dabei zu unterstützen, Frieden mit der eigenen Lebensgeschichte zu schießen. Er kann sich entweder selbst von den Themen und Impulsen inspirieren lassen und einzelne Themen im Gespräch mit dem Ratsuchenden weitergeben oder den Kurs sozusagen als »Hausaufgabe« mitgeben und die inneren Prozesse des Klienten, die dadurch ausgelöst werden, begleiten. Vermutlich wird dann Manches zwischen Jesus und dem Ratsuchenden direkt geschehen, welches dann in der Seelsorge aufgegriffen und reflektiert werden kann.

5. Man arbeitet den Kurs allein durch: Auch das ist möglich. Hier geht jeder in seinem eigenen Tempo voran, liest die Ausführungen und macht die Übungen. Gut wäre es allerdings, den Kurs nicht ganz allein zu bearbeiten, sondern sich eine zweite Person zu suchen, die ihn auch macht, und sich regelmäßig mit dieser Person zu Austausch und Gebet zu treffen.

Drei Zielgruppen sind für diesen Kurs denkbar:

- Anfänger im Glauben; Menschen, die vielleicht einen Glaubenskurs besucht haben und sich nun ernsthaft auf den Weg des Glaubens begeben wollen.
- Menschen, die schon lange mit Jesus gehen, aber empfinden, dass sie zwar viel biblisches Wissen im Kopf, aber zu wenig in ihrem Herzen haben. Sie sehnen sich nach Vertiefung, einer stärkeren Verwurzelung in Jesus und einer Durchdringung ihres Alltags mit dem Evangelium.
- Auch Menschen, die noch keine Christen sind, können an dem Kurs teilnehmen, da die praktischen Themen des Lebens eine universelle Relevanz auch für Nichtchristen haben.

1.

Frieden schließen mit der eigenen Lebensgeschichte

Ablauf

19.00 Uhr	Treffen der Gruppenleiter/innen zu Gebet und Vorbesprechung des Abends.
19.30 Uhr	Einführung in den Kurs. Anbetungszeit oder gemeinsames Singen und Stilleübung (je nach Spiritualität der Gemeinde).
20.00 Uhr	Referat, danach Kleingruppenbildung und Austausch.
21.30 Uhr	Einführung in die Impulse und geistlichen Übungen für die nächste Woche.
22.00 Uhr	Schluss

Einführung

Wie können wir geistlich wachsen? Wie kann das, was wir theoretisch über das Leben mit Gott wissen, in unserem Leben praktisch werden und unseren Alltag verändern?

Wir wollen in diesem Kurs nicht nur Theorie hören, sondern in unserem Alltag einüben, was wir gehört haben. Dazu brauchen wir ein gewisses Maß an eigenem Engagement und Disziplin. So wie man Autofahren, Schwimmen oder den Umgang mit dem Computer nicht in der Theorie lernen kann, lernen wir auch das Leben mit Gott nicht in der Theorie, sondern in der Praxis. Nur mit Fahrtheorie im Kopf kann man noch nicht Auto fahren und nach zehn, zwanzig oder mehr Praxisstunden konnten wir es meistens immer noch nicht. Wir mussten auf die Straße und fahren. Genau so ist es mit dem Schwimmen. Von einem Trockenschwimmkurs können wir noch nicht schwimmen. Mit dem Computer geht es mir so: Wenn ich das, was ich neu gelernt habe, nicht jeden Tag anwende, sondern erst in einem halben Jahr brauche, habe ich es längst wieder vergessen.

Oft meinen wir, in unserem geistlichen Leben müsste es ohne Übung gehen. Wenn wir die Dinge des geistlichen Lebens ein Mal gehört haben, müssten sie »funktionieren«. Wenn aber nicht, sind wir enttäuscht und denken, es hat nicht geklappt mit meinem Leben mit Gott. Oder: Er tut nicht das, was ich dachte, das er tun würde. Auch hier ist Übung in unserm Alltag erforderlich. Deshalb besteht dieser Kurs nicht nur aus Referaten, sondern auch aus praktischen Impulsen und Übungen für unser persönliches Gebet. Man kann sogar sagen, dass die eigenen Gebetszeiten wichtiger sind als das Hören oder Lesen der Referate. Denn es geht darum, dass das Gelesene oder Gehörte uns in Fleisch und Blut übergeht und Veränderungen in unserem Leben nach sich zieht. Im Gegensatz zu manch anderen Kursen geht es in den vorliegenden Impulsen zudem nicht nur darum, über bestimmte Fragen nachzudenken und sich damit sozusagen »im Kopf aufzuhalten«, sondern darum, das Thema im Gespräch mit Jesus zu »bearbeiten«, d.h. konkrete Schritte mit ihm zu gehen, sich von ihm berühren zu lassen, ihm zu antworten. So landet das Ganze hoffentlich in unserem Inneren.

Die Abende verlaufen so, dass nach einer Zeit mit musikalischer Anbetung, gemeinsamem Singen oder einer Stilleübung (je nach Spiritualität der Gemeinde) jeweils ein thematischer Impuls gegeben wird und man sich in gleichbleibenden Kleingruppen über die vergangene Woche austauscht. Impulse zum Beten im Alltag schließen den Abend ab.

Referat

Wie wäre es, wenn wir von Herzen Folgendes sagen könnten:

Ps 16, 2.5-9: 2 Ich sage zum Herrn: »Du bist mein Herr; / mein ganzes Glück bist du allein.« 5 Du, Herr, gibst mir das Erbe und reichst mir den Becher; / du hältst mein Los in deinen Händen. 6 Auf schönem Land fiel mir mein Anteil zu. / Ja, mein Erbe gefällt mir gut. 7 Ich preise den Herrn, der mich beraten hat. / Auch mahnt mich mein Herz in der Nacht. 8 Ich habe den Herrn beständig vor Augen. / Er steht mir zur Rechten, ich wanke nicht. 9 Darum freut sich mein Herz und frohlockt meine Seele; / auch mein Leib wird wohnen in Sicherheit.

Ps 131, 2: 2 Ich ließ meine Seele ruhig werden und still; / wie ein kleines Kind bei der Mutter ist meine Seele still in mir.

Ps 139, 14-16: 14 Ich danke dir, dass du mich so wunderbar gestaltet hast. / Ich weiß: Staunenswert sind deine Werke. 15 Als ich geformt wurde im Dunkeln, / kunstvoll gewirkt in den Tiefen der Erde, / waren meine Glieder dir nicht verborgen. 16 Deine Augen sahen, wie ich entstand, / in deinem Buch war schon alles verzeichnet; meine Tage waren schon gebildet, / als noch keiner von ihnen da war. (Einheitsübersetzung)

Ich vermute, dass die meisten von uns diese Verse nicht aus vollem Herzen sprechen können. Ich vermute, dass jeder von uns einiges in seinem Leben erlebt hat, das schwierig war und woran er immer noch zu tragen oder womit er gar zu kämpfen hat. Dass es Geschehnisse gibt, worüber er traurig ist, wo er sich zu kurz gekommen oder ungerecht behandelt fühlt. Wo er denkt: Ich habe etwas verpasst, oder Gott hat mich vergessen. Ich glaube, jede und jeder hat damit zu tun. In jeder Familie gibt es solche Dinge. Das ist normal und an sich nicht schlimm. Wichtig ist aber, wie wir damit umgehen.

Die Hauptaussage meiner Ausführungen ist deshalb:
Wir dürfen mit all dem, was in unserem Leben schwierig war und ist, zu Jesus kommen und ihn daran wirken lassen. Er wird uns durch einen inneren Prozess führen, der Heilung und Frieden nach sich zieht.

Jesus hat uns Leben verheißen, Leben in Fülle. Er ist für die Kranken und Hilfsbedürftigen gekommen. Er ist Liebe. Er befreit die Gebundenen, heilt die Kranken, tröstet die Trauernden und richtet die Zerbrochenen auf.

Wie aber können wir mit den negativen Erfahrungen unsers Lebens umgehen und Frieden darüber bekommen? Indem wir uns mit allem, was uns betrifft, an Jesus wenden, uns ihm und seinem Wirken aussetzen und seine Heilung und Befreiung an uns geschehen lassen. Er will uns dahin führen, dass wir annehmen können, wie wir geworden sind und wie unser Leben verlaufen ist, so dass wir von Herzen sagen können: »Mein Leben ist in Ordnung. Ich freue mich an meinem Leben. Ich glaube Gott seine Liebe, denn ich habe sie erfahren«, und dass wir oben zitierte Psalmaussagen teilen können.

Ich möchte im Folgenden einen Weg aufzeigen, den Gott uns führen könnte. Es kann auch anders laufen, denn weder Jesus noch unsere Seele lassen sich in ein Schema pressen. Und es gibt keine Rezepte und Methoden von Heilung. Trotzdem gibt es bestimmte Schritte, die Gott uns führen und die er mit uns gehen will. Diese möchte ich im Folgenden benennen und erklären:

1. Ich lasse es zu, dass Jesus mir die Punkte zeigen darf, die nicht gut waren in meinem Leben, und lasse sie im Schutzraum seiner Liebe in meinem Inneren hochkommen.

Ich nehme also erst einmal wahr, was nicht gut war, an welchen Punkten ich gelitten habe, was schwierig war, wo ich mich zu kurz gekommen gefühlt habe, wo ich Leid erlebt und schmerzhafte Erfahrungen gemacht habe. Man kann besonders gut dorthin kommen, wenn man sich fragt: Wo bin ich heute blockiert? Welche Ängste habe ich? Wo reagiere ich überstark, d.h. der konkreten Situation nicht angemessen? An welchen Stellen werde ich mit meinem Leben schlecht fertig? Wo bin ich im Tiefsten böse auf Gott, weil er dies oder jenes zugelassen hat? Es geht dabei nicht darum zu wühlen, sondern wahrzunehmen, was obenauf liegt und immer wieder hochkommt. Dabei werden wir Dinge entdecken, die sich noch ändern lassen, und andere, die nicht (mehr) zu verändern sind. Die gilt es zu unterscheiden. Mit denen, die sich nicht mehr ändern lassen, müssen wir lernen, Frieden zu schließen. An denen, die sich noch verändern lassen, könnten wir arbeiten und tun, was wir tun können, um sie zu verändern. Aber um dies tun zu können, müssen wir ebenfalls damit Frieden schließen, wie es jetzt ist. Manches wird sich sogar von allein verändern, obwohl wir es nicht aktiv angehen, nachdem wir Frieden geschlossen haben.

Was könnte sich eventuell noch ändern lassen? Wenn ich daran leide, nicht die Ausbildung gemacht zu haben, die ich mir gewünscht hatte, oder dass ich nicht studiert habe, gibt es vielleicht später noch Möglichkeiten, dies nachzuholen. Wenn ich daran leide, unverheiratet zu sein, kann ich mich aktiv damit auseinandersetzen, warum es bisher nicht geklappt hat. Damit ist zwar noch kein Partner da, aber es gibt immer Gründe, warum jemand nicht verheiratet ist. Und es ist nie zu spät zum Heiraten. Der erste Schritt allerdings wäre an diesem Punkt, mit meinem Unverheiratetsein Frieden zu schließen und zu entdecken, dass das Glück nicht nur den Verheirateten vorbehalten ist. Wenn ich an Lebensmustern leide, die mir und anderen schaden, kann ich sie seelsorgerlich oder therapeutisch bearbeiten, damit ich sie verändern oder mich damit versöhnen kann und barmherziger mit mir werde, so dass ich besser mit diesen Mustern zu leben lerne.

2. Ich lasse im Schutzraum der Liebe Gottes den Schmerz zu, die Wut und die Trauer, die in meinem Inneren hochkommen.

Es gibt vermutlich Wünsche in unserem Leben, die wir hatten und die sich nicht erfüllt haben. Oder auch Dinge, die wir uns nicht gewünscht haben, als sie möglich waren, aber im Nachhinein vermissen. Nun aber ist es nicht mehr zu ändern. Die Klagepsalmen können uns ermutigen, den Schmerz, die Wut und die Trauer (Ps 13; Ps 28, 1-2; Ps 22; Ps 39; Ps 73) z.B. über berufliche Schwierigkeiten, nicht erfüllte Kinder- oder Partnerwünsche, Krankheitszeiten, Verluste lieber Menschen zuzulassen.

Dabei ist es wichtig, die Gefühle zuzulassen, die kommen, z.B. die Trauer darüber, dass unser Leben bisher so war, wie es war. Man muss manches betrauern und Frieden damit schließen, dass es nicht mehr zu ändern ist. Wir können Gott dann bitten, in unsere Trauer hineinzukommen. Wir können unseren Schmerz mit ins Abendmahl nehmen und beten: »Herr, nimm das alles und verwandle es so, dass meine negative Erfahrungen mir und Anderen dienen können.« Wir können auch wissen, dass eine Verheißung Jesu im Trauern liegt, denn er sagt: »Selig«, d.h. überglücklich, »sind die Trauernden, denn sie werden getröstet werden« (Mt 5, 4). Sicher können wir diesen Vers erst einmal wie einen Schlag ins Gesicht empfinden; doch wenn wir uns darauf einlassen, wird der Vers sich uns erschließen und unsere Trauer zu einem Ort der Begegnung mit Jesus werden lassen.

Praktisch kann es auch hilfreich sein, einen Brief zu schreiben, den wir nicht abschicken: an Gott oder an einen Menschen, der uns verlassen hat, oder an unsere Eltern, die durch ihr Verhalten Dinge in uns verunmöglicht haben. Diesen Brief können wir Jesus im Gebet vorhalten. Wir können weinen, unsere Wut herauslassen, beten. Eventuell können wir den Brief auch einem Menschen unseres Vertrauens vorlegen, der uns seelsorgerlich dient. Nach und nach werden Trauer und Wut weniger werden und Frieden wird einziehen, so dass uns diese Erfahrung irgendwann einmal dazu dienen kann, Kapital in unserem Leben zu werden: Dass wir anderen in ihren Nöten besser beistehen können, dass wir reifer werden und tiefere Lebenswurzeln bekommen, dass die Liebe Gottes stärker auf unserem Leben ruht und Frieden von uns ausgeht. Denn wenn wir Frieden geschlossen haben, geht Frieden von uns aus.

3. Ich sage Ja zu dem, was ich nicht ändern kann, womit ich unzufrieden bin, was aber nicht in meiner Hand lag und liegt.

Manche haben Probleme mit ihrer Herkunft, mit ihrem Geschlecht, mit ihren Eltern, mit ihrem Aussehen, mit ihren Gaben und Grenzen. Aber auch, wie das Leben insgesamt verlaufen ist, kann uns ein Problem sein. Es ist ungesund, zeitlebens dagegen zu rebellieren, denn dann wird es uns immer blockieren. Wenn wir dagegen rebellieren, sind wir mit einem angeketteten Tier zu vergleichen, das sich an seinen Ketten reibt. Es wird sich mit der Zeit immer wunder scheuern. Wir werden bitter werden und unser Herz verschließen. Dann ist es aber nicht nur gegenüber weiteren Verletzungen verschlossen, sondern auch gegenüber der Liebe Gottes oder der von Menschen.
Alles, was in uns unversöhnt ist, wird Auswirkungen in unserem Leben haben, es wird überall hinein ausstrahlen, und wir selbst und andere werden darunter zu leiden haben. Umgekehrt macht uns jede Verletzung und schlimme Erfahrung unseres Lebens, sofern wir in Gottes Sinn damit umgegangen sind, reifer und fruchtbarer für Gott und andere Menschen.

Wir müssen irgendwann damit Frieden schließen, annehmen, wie es war und ist, und Ja dazu sagen. Dieses Ja sollten wir im Gebet aussprechen und, wenn nötig, auch wiederholen, wenn es uns wieder abhanden gekommen ist, solange, bis wir es innerlich wirklich so meinen und der Schmerz weg ist. Auch hier gilt: Wenn Wut, Schmerz, Trauer da sind, sollten wir diese Gefühle zulassen und Jesus bringen.

4. Ich bitte Jesus, mir zu zeigen, wo er war, als bestimmte Dinge passiert sind.

Das kann helfen, wenn mir Schlimmes widerfahren ist. Wir haben damit in der Seelsorge schon gute Erfahrungen gemacht. Oft bekommen die, die darum beten, innere Eindrücke und entdecken Jesus in dem Szenario, das so schmerzhaft war: Dass Jesus mitgelitten hat, dass er neben ihrem Bett saß, als sie krank waren, dass er ihr Leid gesehen hat und dabei war. An dieser Stelle kann uns sehr helfen, uns Jesus am Kreuz vorzustellen. Er war verlassen von seinen Freunden, den Jüngern, wurde ungerecht und entwürdigend behandelt, litt größte Schmerzen, war ausgeliefert und konnte nichts daran ändern. Ja, sogar Gott, sein Vater, hat ihn in diesem Moment verlassen, so dass er total einsam war und diese Einsamkeit aushalten musste.

5. Ich widerrufe alte Festlegungen und negative Einreden, die sich durch die schwierigen Erfahrungen in meinem Leben in mir festgemacht haben.

Einreden sind das, was ich mir in meinen Gedanken und durch Worte, vor allem Selbstgespräche, einrede, welche Selbstbezeichnungen ich z.B. benutze, wenn mir etwas missglückt ist, wie ich innerlich über mein Leben spreche, wie ich auf Herausforderungen und Probleme reagiere. Wenn ich negative Erfahrungen in meinem Leben gemacht habe, hat das immer zur Folge, dass ich bestimmte innere Festlegungen und Einreden entwickle, die mich vor weiteren negativen Erfahrungen schützen sollen. Doch sie schützen mich nicht nur vor weiteren negativen Erfahrungen, sondern verhindern auch vieles, was sonst positiv möglich wäre. Letztlich verhindern sie sogar Leben und Fülle.

Wenn mir z.B. als Kind jemand gesagt hat, dass ich nicht singen könne, werde ich vermutlich eher schweigen oder nur ganz leise singen, wenn ein Lied angestimmt wird, um mich vor weiterer Kritik zu schützen. Wenn ich mich aber nie traue zu singen, wird auch nichts aus meinem Mund herauskommen. Es kann aber sein, dass sich meine Stimme durch Übung entfalten würde, doch die frühe Festlegung hindert mich daran, es mutig auszuprobieren. Von dieser Art gibt es unendlich viele Festlegungen und Einreden in unserem Leben, positive, die uns zum Leben helfen, und negative, die uns blockieren. Es ist gut, sie wahrzunehmen, sie an der Realität des Lebens und am Wort Gottes zu prüfen und entsprechend damit umzugehen.

Positive Einreden, die mir helfen, sind z.B.:
»Ich bin wunderbar gemacht«. »Ich schaffe es schon im Leben.« »Ich bin begabt.« »Es geht im Leben immer weiter.« »Ich bin geliebt.«

Negative Einreden, die mich blockieren, sind z.B.:
»Ich bin unbegabt.« »Frauen sind Menschen zweiter Klasse.« »Man bekommt im Leben nichts umsonst.« »Mein Leben wird nie gelingen.« »Ich komme immer zu kurz.« »Mich liebt keiner.«

Alle negativen Festlegungen tragen dazu bei, dass es mir nicht gut geht, denn das, was ich immer und immer wieder sage, wird sich erfüllen. Ich werde bekommen, was ich ausspreche.

So ist es wichtig, diese Festlegungen zu prüfen, zu widerrufen, falls sie nicht mit der Realität und der Wahrheit Gottes übereinstimmen, und es zu trainieren, aus den alten Mustern herauszutreten. Meistens ist dies ein längerer Prozess, denn die Fahrrinne meines Lebens ist oft tief, so dass es einiger Anstrengung bedarf, eine neue zu ziehen. Helfen kann mir dabei, entsprechende Bibelworte zu meditieren, die die Wahrheit gegen diese Lügen setzen, diese Worte immer und immer wieder zu verinnerlichen und im Gebet anzunehmen, bis ich sie von Herzen glauben kann und sie mir in Fleisch und Blut übergegangen sind. (Dazu auch: Anselm Grün, Einreden, 2001)

6. Zum Schluss: Ich halte an Gottes Zusagen fest und nehme den alltäglichen Kampf auf.

Hier geht es darum, sich an den Verheißungen Gottes zu orientieren und nicht an unseren Gefühlen und an den Umständen. Das ist anfangs eventuell schwierig, weil sich die Umstände oft nicht verändern. Es ist, als ob ein kleines Pflänzchen neuen Lebens aufsprosst, das aber zunächst noch sehr zart und empfindlich ist und leicht zertreten werden kann.

Welchen Sinn hat es, Frieden mit der eigenen Lebensgeschichte zu schließen?

- Wer Frieden hat, strahlt Frieden aus.
- Ich werde nach und nach heiler.
- Gott kann mich gebrauchen, um sein Heil und seinen Frieden weiterzugeben.
- Ich muss nicht mein ganzes Leben lang an meiner Geschichte leiden und an dem, was nicht gut war.
- Ich kann, auch wenn ich Schweres erlebt habe, dahin kommen zu sagen: »Mein Leben ist gut.«
- Alles, was ich erlebt habe, kann zum Guten verwandelt werden.
- Ich kann von Herzen beten, was in den oben zitierten Psalmen steht: Ps 16; 131; 139.

Nachbemerkung

Es könnte sein, dass mir bei diesem Kurs so viel Schwieriges aus meinem Leben bewusst wird, dass ich professionelle Hilfe brauche, z.B. bei sexuellem oder sonstigem Missbrauch. Dazu möchte ich ausdrücklich raten. Therapeutische Hilfe steht nicht im Widerspruch zu vorliegendem geistlichen Weg. Beides kann sich gut ergänzen.

Nachdenkpause

Woran leide ich in meinem Leben immer wieder?

Was bricht immer wieder auf?

Mit welchen Dingen in meinem Leben bin ich unversöhnt?

Welche Dinge, die ich nicht (mehr) ändern kann, habe ich noch nicht betrauert und angenommen?

Was habe ich noch nicht vergeben?

Worin möchte ich in meinem Leben heiler werden?

Wofür muss ich Gott und Menschen noch um Vergebung bitten?

Was möchte ich in meinem Leben ändern?

Was könnte ich dazu tun?

Gruppenbildung

Wir bilden Gruppen zu ca. 6-8 Personen, stellen uns gegenseitig vor, sofern wir uns noch nicht kennen, und tauschen darüber aus, was wir gehört haben und was uns betroffen gemacht hat. Dabei wollen wir einfach nur hören, eventuell nachfragen, aber nicht diskutieren und auch keine belehrenden Tipps geben. Es gilt: Jeder sagt nur so viel Persönliches, wie er möchte. Die Gruppen bleiben während des ganzen Kurses zusammen.

Wichtig!
Ganz wichtig ist, in diesen Gruppen wirklich persönlich zu berichten, das Berichtete jeweils stehen zu lassen und nicht darüber zu diskutieren. Dabei sollte der Gruppenleiter darauf achten, dass jeder, der will, zu Wort kommt. Da es vielen Christen sehr schwer fällt, nicht zu diskutieren, sollte im Vortreffen der Mitarbeitenden und vor der Gruppenbildung jedes Mal darauf hingewiesen werden.

Übungen und Gebetsimpulse

Es wird nun für jede Woche Übungen und Gebetsimpulse geben, die das Gehörte vertiefen und das im Kopf Erfasste ins Herz bringen wollen. Dazu sollen die Impulse jeweils Anregungen geben im Bewusstsein dessen, dass wir es nicht machen können, dass es geschieht. Es ist jedes Mal ein Wunder Gottes, wenn er uns eine Offenbarung in unserem Herzen gibt und wir tief innen erfassen können, was er uns sagt und was uns gilt.

Die Alltagsübung versucht dabei das Wochenthema generell aufzunehmen und zu vertiefen. Dabei wollen wir nicht »graben« oder »nachbohren«, sondern das »bearbeiten«, was uns im Alltag »hochkommt« und begegnet. Dieses wollen wir ins Gespräch mit Jesus bringen, sooft es uns kommt. Wer die Gebetsarten des Sprachengebets (s. 1. Kor 12, 10 u.a.) oder des Jesusgebets (ein Gebet aus der Tradition der Ostkirche) kennt, kann sie dabei im Alltag praktizieren, da sie uns helfen, die Nähe Gottes zu suchen und mit ihm verbunden zu sein, ohne sich Worte überlegen zu müssen. Die Tagesimpulse werden jeden Tag neu erläutert.

Für alle Übungen gilt

Es geht nicht darum, ein Programm zu absolvieren, sondern Gott zu begegnen und dem Ziel näher zu kommen, Frieden zu schließen mit ihm und meiner Lebensgeschichte. Wenn ich merke, dass ich durch eine bestimmte Übung das Wirken Gottes stark erlebe, verweile ich bei dieser Übung, bei diesem Text so lange, wie Gott durch ihn an mir handelt. Wenn das nur ein Text in der ganzen Woche ist, ist es in Ordnung.

Hinweise für Menschen mit depressiven Neigungen

Bitte suchen Sie sich einen Menschen Ihres Vertrauens, um die Dinge zu besprechen, die hochkommen, am besten auch fachliche Hilfe. Wenn Sie merken, dass es Ihnen nicht gut tut, an die Punkte zu gehen, die in Ihnen hochkommen, überspringen Sie die Übungen der ersten beiden Wochen und steigen mit denen über Ps 63 (S. 48) wieder ein.

Allgemeine Hinweise zur Stillen Zeit

Ich wähle eine Zeit aus, in der ich Stille Zeit halten will und ungestört bin. Dabei ist es gut, eine Zeit zu wählen, die ich jeden Tag beibehalten kann, um einen festen Rhythmus zu haben, der mir beim Durchhalten hilft (am frühen Morgen vor Arbeitsbeginn; morgens, wenn die Kinder aus dem Haus sind; in der Mittagspause ...). In dieser Zeit will ich nicht gestört werden.

Ich setze mich zu der gewählten Zeit jeden Tag an einen ungestörten Ort, den ich für meine Stille Zeit ausgesucht habe. (Es ist eine Hilfe, immer denselben Ort zu haben und ihn etwas zu gestalten mit einem Bild oder einer Kerze. So schaltet meine Seele irgendwann automatisch auf Ruhe.) Ich setze einen bewussten Anfang für meine Gebetszeit, indem ich mich für den Heiligen Geist und sein Wirken öffne und Jesus bitte, zu mir zu sprechen. Ich halte einen Notizzettel bereit, um die Dinge aufzuschreiben, die mich ablenken wollen, und notiere sie, um sie aus meinem Kopf zu bekommen. Nach der Gebetszeit schreibe ich mir ein paar Stichworte in ein Gebetstagebuch. Wenn mich ein Gedanke anspricht, verweile ich dabei. Es ist nicht wichtig, ein Programm zu absolvieren, sondern bei dem zu bleiben, was Jesus gerade an und in mir tut oder zu mir spricht. Vielleicht hilft es mir, zur Konzentration mit einem Eingangsgebet zu beginnen, z.B. mit einem ähnlichen wie den Folgenden:

Hier bin ich, Herr, mein Gott, so wie ich bin –
Mit meiner Sehnsucht, meiner Hoffnung, meiner Freude, meinem Ärger, meiner Müdigkeit, meiner Enttäuschung, meiner Bedürftigkeit ...
Hilf mir zu sehen, was du mir zeigen möchtest,
zu hören, was du mir sagen möchtest,
zu spüren, dass du jetzt da bist, mit mir gehst und bei mir bleibst.
So bin ich jetzt vor dir.

Herr, sprich dein ewiges Wort in mich, ich will hören auf dich.
Herr, strahle dein Licht in mich, ich will dich sehen.
Herr, drücke dein Bild in mich, ich will es bewahren.
Herr, wirke dein Werk in mir, ich will es immer wieder neu empfangen.

Herr, öffne mir die Augen, mach weit meinen Blick und mein Interesse,
damit ich sehen kann, was ich noch nicht erkenne.
Herr, öffne mir die Ohren, mach mich hellhörig und aufmerksam,
damit ich hören kann, was ich noch nicht verstehe.
Herr, gibt mir ein vertrauensvolles Herz, das sich deinem Wort und deiner Treue überlässt und zu tun wagt, was es noch nicht getan hat.
Herr, ich weiß, dass ich nur lebe, wenn ich mich von dir rufen und verändern lasse. (Diese drei Gebete stammen von Sr. Ruth Meili, CCR)

Mein Herr und mein Gott, nimm alles von mir, was mich hindert zu dir.
Mein Herr und mein Gott, gib alles mir, was mich fördert zu dir.
Mein Herr und mein Gott, nimm mich mir und gib mich ganz zu eigen dir.
(Nikolaus von der Flüe)

Übungen und Gebetsimpulse für die 1. Woche

Leitgedanke der Woche: Ich mache mir bewusst, womit ich in meiner Lebensgeschichte unversöhnt bin, was mir nachschleicht und woran ich immer noch leide, und wage es, darüber zu trauern und zu klagen.

1. Alltagsübung
Ich bringe alles Negative, das in mir hochkommt, zu Jesus und lasse ihn bewusst in meinen Schmerz hinein. Ich nehme mir Zeiten, in denen Schmerz und Wut kommen dürfen und spreche mit Gott darüber.

2. Stille Zeit
Ich halte jeden Tag ca. eine halbe Stunde Stille Zeit (wenn ich Stille Zeit noch nicht kenne, kann ich mit einer Viertelstunde beginnen, aber ich sollte es regelmäßig tun) und bedenke dabei betend den angegebenen Text oder die gestellte Aufgabe.

3. Tagesrückblick
Ich schaue mir im Rückblick noch einmal meinen Tag an, wie er gelaufen ist, was ich mit Jesus erlebt habe. Ich bitte um Vergebung für alle Gedanken, Worte und Taten, die ihm nicht entsprochen haben, und gebe ihm zurück, was nicht gut war, ich aber nicht ändern konnte. Dann danke ich ihm für das Gute, das er mir geschenkt hat. Als Richtschnur könnte ich mir vornehmen, täglich für fünf Punkte zu danken.

Geistliche Impulse für jeden Tag

1. Tag: Woran leide ich in meinem Leben? Was ist mir eingefallen, als ich die Ausführungen gehört/gelesen habe? Worüber stolpere ich gerade? Wo bin ich unversöhnt mit Dingen in meinem Leben? Wo habe ich Geschehnisse, die ich nicht (mehr) ändern kann, noch nicht betrauert und angenommen? Wo möchte ich heiler werden? Ich vergegenwärtige mir das, was in meinem Leben nicht gut war und was mir eingefallen ist. Dabei wühle ich nicht in meinem Leben herum, sondern lasse zu, dass mir bewusst wird, was obenauf liegt. Einen Punkt von denen, die mir eingefallen sind, halte ich Jesus hin und lasse ihn daran wirken. Alle Gefühle, die dabei hochkommen, lasse ich zu und lege sie in mein Gebet. Es kann sein, dass Wut hochkommt oder Traurigkeit, Ärger oder Angst. Alles das darf sein. Vor Jesus muss ich nichts verdrängen oder hinunterschlucken. Ich muss mich nicht zusammennehmen und brauche auch kein frommes Mäntelchen darüber zu decken. Erstaunlicherweise sagt Jesus in der Bergpredigt, dass die, die trauern oder Leid tragen, selig, d.h. glücklich sind, weil Gott sie trösten wird (Mt 5, 4). Auch wenn ich dieses Wort zurzeit eventuell noch nicht glauben kann, lasse ich es mir von Jesus sagen und spreche ihm mein Vertrauen aus, dass er mit mir durch den Prozess der Trauer gehen und mir darin begegnen wird.

---

2. Tag: Der Altar auf dem Bild S. 99 trägt den Namen Schutzmantelchristus und steht auf dem Versammlungsplatz eines sogenannte Friedwaldes (Friedhof im Wald) auf dem Schwanberg bei Würzburg. Jesus breitet seine Arme über mehrere trauernde Menschen aus, die sich ihm nähern und vor ihm verweilen. Ich betrachte dieses Bild und schaue, mit welcher der abgebildeten Personen ich mich am meisten identifizieren kann. Ich versetze mich im Gebet in diese Person hinein und komme mit Jesus ins Gespräch.

---

3. Tag: Ich lese und meditiere Ps 13. Das ist ein Klagegebet, in dem David Gott seinen ganzen Schmerz klagt. »Herr, wie lange ...? Herr, mein Gott, wende dich mir wieder zu und antworte mir!« Ich bete diesen Psalm für mich und nehme ihn sozusagen als Vorlage, um meinen eigenen Schmerz zu formulieren und vor Gott auszubreiten. Dabei brauche ich nichts zurückzuhalten. Es dürfen ruhig Tränen kommen. Bei Davids Rede vom Feind kann ich all das einsetzen, was mir das Leben rauben und mich kaputt machen will, was mir die Fülle, die Gott mir geben will, vorenthalten will. Wichtig ist es, den Psalm zu Ende zu beten bis V. 6, auch wenn diese Aussage zunächst vielleicht nur eine Glaubensaussage ist, die in meinem Herzen noch keinen Widerhall findet.

---

4. Tag: Ich bete und meditiere Ps 13 erneut und bringe den Schmerz meines Lebens erneut zu Gott (nicht, indem ich etwas produziere, sondern nur dann, wenn und solange Schmerz kommt). Heute konzentriere ich mich besonders auf den Schluss und spreche Gott ausführlich mein Vertrauen aus. Auch dies tue ich zunächst mit den Worten des Psalms und dann mit meinen eigenen Worten, »...denn du hast mir Gutes getan.« Ich danke Gott für alles, womit er mir in meinem Leben schon Gutes getan hat.

---

5. Tag: Ich begebe mich noch einmal ausdrücklich zu Jesus als dem, der mich mit seinem Schutzmantel umgibt und mich in seinen Armen birgt. Dazu lese und meditiere ich Mt 11, 28-30. Jesus wird mir Ruhe geben in allem, was unruhig und schwierig war und ist.

---

6. Tag: Ich lese und meditiere Mk 10, 46-52 (besonders V. 46-48). Es geht hier um einen blinden Mann, der sich von Jesus Heilung wünscht. Jedoch muss er sich sehr darum bemühen, überhaupt an Jesus heranzukommen. Er sitzt nämlich am Straßenrand und wird von Jesus gar nicht wahrgenommen, da Jesus von einer großen Menschenmenge umgeben wird. Außerdem will Jesus Jericho gerade verlassen. So nimmt Bartimäus allen Mut zusammen und schreit zu Jesus um Erbarmen. Schon das wird nicht einfach gewesen sein, denn alle bekommen seine Not auf diese Weise mit. Aber als er dann von verschiedenen Menschen aufgefordert wird, doch den Mund zu halten, schreit er noch lauter. Er will, dass sich sein Zustand verändert. Dafür ist er bereit, sich zu blamieren und Unannehmlichkeiten in Kauf zu nehmen. Er will wieder sehen können und auf diese Weise nicht mehr betteln müssen. Ich mache es heute wie Bartimäus: Wo ich Not habe, »schreie« ich sie vor Jesus heraus, ihm entgegen. Dabei lasse ich mich nicht abhalten von meiner eigenen Scheu, dass das doch nicht gehe, und auch nicht von anderen Menschen, die mir vielleicht gesagt haben, dass es für meine Not keine Hilfe bei Jesus gäbe oder dass er sich nicht mit einer solchen Problematik abgäbe.

7. Tag: Ich lese und meditiere Mk 10, 46-52 (besonders V. 49-50) erneut. Sobald Jesus Bartimäus rufen hört, bleibt er stehen und lässt ihn holen. Nun sind andere bereit, ihn zu Jesus zu führen. Bartimäus ist offensichtlich so sicher, dass er Hilfe erfahren wird, dass er seinen Mantel (eventuell sein einziges Kleidungsstück) liegen lässt und sofort zu Jesus rennt. Ich darf wissen: Jesus ist meine Not nicht egal. Ich darf zu ihm kommen. Er wird mir helfen. Ich darf den Ort verlassen, an dem ich um ein paar Almosen (vielleicht ein bisschen Mitleid, ein bisschen Bedauern ...) gebettelt habe. Ich stehe innerlich auf und »laufe« im Gebet zu Jesus. Jesus fragt den Blinden dann, was er denn von ihm will. Als dieser um Heilung bittet, schenkt er ihm genau das, was er erbeten hat. Oftmals trauen wir uns nicht zu sagen, was wir uns wünschen, manchmal wissen wir es gar nicht. Ich überlege, was ich mir heute von Jesus wünsche und sage es ihm. Er wird meinen Glauben und meinen Mut belohnen.

Notizen

2.

Unser ganzes Leben vor Gott zur Sprache bringen

Ablauf

19.00 Uhr	Treffen der Gruppenleiter/innen zu Gebet, Bericht über die Austauschgruppen des letzten Abends und Vorbesprechung des Abends.
19.30 Uhr	Beginn mit einer Anbetungszeit oder gemeinsamem Singen und Stilleübung (je nach Spiritualität der Gemeinde).
20.00 Uhr	Austausch in den Kleingruppen.
21.00 Uhr	Referat zum Thema.
21.30 Uhr	Einführung in die Impulse und geistlichen Übungen für die nächste Woche.
22.00 Uhr	Schluss

Kleingruppen

Wie ging es mir mit der Alltagsübung und den Tagesimpulsen in meiner Stillen Zeit? Wie ging es mir mit dem Trauern und Klagen? Wodurch hat Jesus besonders zu mir gesprochen? Wenn es nur ein Text oder Bild in der ganzen Woche war, ist es gut. Wir tauschen unsere Erfahrungen aus und diskutieren nicht darüber. Rückfragen dürfen gestellt werden. Wenn jemand nichts sagen möchte, weil seine Erfahrungen z.B. zu persönlich waren, ist es in Ordnung.

Referat

Die Psalmen lehren uns, unser ganzes Leben vor Gott zur Sprache zu bringen. Wenn wir die Psalmen lesen, finden wir alles: Klage, Lob, Dank, Bitte, Zorn, Sehnsucht, Jubel, Selbstmitleid, Ausgelassenheit und Niedergeschlagenheit. Es gibt nichts, was es nicht gibt. So wie das Leben eben ist. Alles wird in die Beziehung zu Gott gebracht. Alles wird ihm entgegengejubelt oder entgegengeschrien. Da geht es um Bedrängnis durch Feinde, um Trauer über den Verlust der Heimat, um Jubel über das Wirken Gottes und Dank für seine Hilfe in persönlichen Schwierigkeiten. Das heißt auch für uns: Wir brauchen nichts aus unserer Gottesbeziehung herauszuhalten. Gott hält das aus: Unsere Trauer und unseren Jubel, unsere Verzweiflung, unseren Zorn und unsere Wut.

Heute soll es anhand von Psalm 39 um das Klagen gehen, denn das ist der erste Schritt zur Heilung.

Wir werden mit diesem Psalm hineingenommen in das Ringen eines Menschen, dem es sehr schlecht geht, mit Gott.

Die Situation ist folgende:
Da ist ein Mensch, der leidet (vielleicht ein Mensch, der todkrank ist). Er weiß, dass er bald sterben muss. Es ist ein Mensch, der sein Leben Gott anvertraut hat. Aber wie kann das sein? Ein Mensch, der Gott sein Leben anvertraut hat, muss so leiden? Wollte Gott nicht für ihn sorgen? Gott ist doch gütig und mächtig. Er kann das doch nicht wollen, dass ein Mensch so leiden muss. Und wenn er's nicht will, könnte er es doch verhindern mit seiner Macht. Oder ist sein Leiden Strafe? Strafe wegen seiner Schuld. Oder Erziehung? Will Gott diesem Menschen etwas Besonderes damit beibringen? Das sind nicht nur die Fragen des Leidenden, sondern auch die seiner Freunde und der Menschen, die mit ihm zu tun haben.

Aber das ist noch nicht alles. Von Gottlosen und vom Spott der Narren ist in unserm Psalm die Rede (V. 9). Da ist offensichtlich noch eine besondere Gruppe von Menschen, mit denen sich der Leidende auch noch auseinandersetzen muss und denen er sich ausgeliefert sieht. Da sind Menschen, die nichts von Gott wissen wollen und nun sehr gespannt sind, was der Fromme mit seiner Not macht und wie er damit fertig wird. Sie fangen an zu spotten: »Haben wir dir doch gleich gesagt, dass Frommsein nichts nützt! Deshalb geht es dir auch nicht besser. Wo ist denn nun dein Gott? Hilft er dir nicht?«

Das schlägt genau in eine Wunde, die schon blutet. Denn der Leidende versteht es ja auch nicht. Wie kann Gott das geschehen lassen? Wollte er denn nicht für ihn sorgen? Gibt es ihn überhaupt? Doch diese Fragen wird er nicht mit denen besprechen, die Gott sowieso leugnen. So ergibt sich ein Konflikt, der den Leidenden/Kranken fast zerreißt: Seine Fragen, seine eigene Verzweiflung und Anfechtung, sein Zweifel an Gott und seine Not, für die er nach Antworten sucht. Und die Spötter, die genau gucken, wie er mit diesem Leid fertig wird.

Oder bildet er sich die Spötter nur ein? Denkt er es sich nur, als Frommer, als gläubiger Mensch, dürfe er keine Fragen und Zweifel haben? Dass er auf alles eine Antwort haben müsse, sonst sei er nicht mehr gläubig?

Er zieht eine fatale Konsequenz aus diesem Konflikt:
Er versucht, stumm sein Leid zu ertragen, er legt seinem Mund einen Zaum an. Er trägt sein Leid als etwas, das Gott so gefügt hat, und versucht es einzubauen in sein Weltbild. Gott gibt Freude, Gott gibt Leid, wir müssen alles ergeben aus seiner Hand nehmen. Doch in ihm sieht es anders aus (V. [3b +] 4a): Er kann nicht mehr, hat Angst. Er legt sich seine Deutungsweisen zurecht. Habe ich etwas Schlechtes getan? Straft mich Gott? Was soll ich denn lernen? Aber das führt alles nicht weiter. Da bricht es aus ihm heraus, und er fängt an zu reden und zu klagen.Endlich wirft er Gott alles vor die Füße, was ihn bedrängt und woraus er keinen Ausweg mehr weiß. Er fleht ihn an, ihm zu helfen. All seine Fragen finden einen Adressaten.

Wie gehen wir mit Krankheit und persönlicher Not um, die uns getroffen hat? Und was hat Gott damit zu tun? Müssen wir uns hineinschicken und schlucken, was uns trifft; gleichsam ergeben in unser Schicksal? Dürfen wir dagegen aufbegehren, klagen und anklagen? Sollen wir stark sein und uns nicht davon umwerfen lassen, weil wir doch in Gottes Hand sind? Ich glaube, viele Christen verlangen zu viel von sich. Sie wagen es nicht,

Gott wirklich vorzuhalten, was sie betrifft. Sie trauen sich auch nicht, vor Gott ehrlich zu sein. Sie meinen, sie müssten sich sozusagen »heilig« verhalten, und darunter verstehen sie Stärke, Sanftheit, Duldsamkeit. So schlucken sie ihre Fragen hinunter. Denn sie denken, Fragen zu haben, sei schon Rebellion gegen Gott und Sünde. So jedenfalls sieht und erlebt es der Psalmbeter.

Es gibt Christen, die anscheinend sehr schnell mit ihrem Leid fertig werden. Doch unter der Oberfläche sind Verzweiflung und große Einsamkeit.

Ich sehe in diesem Psalm eine Antwort angedeutet, wie wir mit unserem Leid umgehen können: Er zeigt uns die Möglichkeit der Klage auf. Als es nicht mehr geht mit dem Annehmen und Schweigen, platzt es förmlich aus David heraus: Er ruft Gott seine Not entgegen, stellt ihm seine Fragen und klagt ihn an. So können wir mit unserem Leid umgehen. Wir brauchen unser Leid, unsere Fragen und unsere Zweifel nicht fromm zurückzuhalten, sondern können sie Gott vorhalten.

Das ist ein fundamentaler Unterschied gegenüber zwei Arten, die viele von uns bevorzugen:

1. Entweder, vielleicht als etwas frommere Leute, versuchen wir selber damit fertig zu werden. Wir versuchen, uns selbst und anderen zu sagen: »Gott hat´s gemacht«, und ergeben uns in unser Schicksal, das wir als unabwendbar betrachten. Dabei überfordern wir uns, werden unehrlich oder hart.

2. Oder wir jammern und bemitleiden uns selbst: »Wie bin ich doch arm dran; warum musste mir das passieren? Ich komme auch überall zu kurz. Mich trifft es immer.« Und so werden wir mit der Zeit für andere immer ungenießbarer und kommen je länger, desto schwerer aus dem Jammern heraus. Denn da kann man sich so richtig hineinsteigern.

Nein, wir sollen unsere Fragen nicht hinunterschlucken. Wir brauchen sie aber auch nicht so in den Mittelpunkt zu stellen, dass sich nun alles darum dreht, sondern Gott bietet uns für unsere Fragen seine Adresse an. Das betrifft alle Dinge unseres Lebens. Der Beter dieses Psalms wählt da nicht groß aus. Er überlegt nicht: Was sage ich Gott, und was behalte ich lieber für mich?

Er sagt alles, was ihn gerade beschäftigt und umtreibt: Er bittet darum, in seine Lebenszeit Einsicht zu bekommen, ja gerät ins Philosophieren über die Lebensspanne, die ein Mensch hat. Im nächsten Moment fragt er nach seiner Hoffnung und danach, was ihm denn noch bleibt. Er will festhalten an der einen Hoffnung auf Gott – trotz allem. Er bittet um Schutz- und Fluchtmöglichkeiten vor denen, die ihn verspotten. Im nächsten Moment sagt er fast resigniert: Ich will schweigen und meinen Mund nicht auftun; denn du hast es getan (V. 10). Und so schiebt er alles auf Gott ab (V. 11b-12). Trotzdem: Die Hoffnung auf Erhörung bleibt. Sein Gebet ist so wechselhaft wie seine Stimmungen und Ängste. Er wechselt zwischen Philosophieren, Verzweiflung, Zweifel, Hoffnung und Resignation. Aber das macht nichts; er hat eine Adresse für all das, was ihn umtreibt.

Für mich ist dieser Psalm eine Ermutigung: Eine Ermutigung zu klagen und Gott alles zu sagen, was mich beschäftigt, nichts auszuschließen und nichts vor ihm zurückzuhalten. Ob das Leid ist, das ich nicht verstehe. Ich darf Gott sagen: »Herr, warum? Ich verstehe das nicht.« Ob das Zweifel sind an seiner Existenz. Ich darf Gott fragen: »Herr, gibt es dich denn überhaupt? Stimmt das denn alles, was ich bisher geglaubt habe?« Ob das philosophische Gedanken sind über die Welt und das Leben. Ich darf es vor Gott aussprechen und ihn fragen: »Wie hast du dir das alles gedacht, Herr?« Ich darf zu ihm kommen und ihn um Hilfe und um das Trocknen meiner Tränen bitten. Nicht immer werde ich sofort eine Antwort bekommen. Vielleicht bekomme ich das »Warum« meines Lebens nie geklärt. Eins werde ich merken, wenn ich mit meiner Klage zu Gott komme: Ich bin damit nicht allein gelassen. Er ist bei mir und leidet mit mir.

Und wenn jemand das Beten mittlerweile verlernt hat oder so tief leidet, dass er das allein nicht mehr kann?
Da ist es eine Hilfe, zu zweit oder in einem kleinen Kreis zu beten. Und das ist mehr, als wenn wir's einander nur sagen. Ich wünsche mir, dass wir uns durch diesen Psalm ermutigen lassen, mit allen unseren Lebenswunden zu Gott zu kommen. Und, falls wir voreinander Erfahrungen von Leid und Verzweiflung aussprechen, dass wir miteinander den Weg zu Gott zu finden, so dass er uns Hoffnung geben kann.

Übungen und Gebetsimpulse für die 2. Woche

Leitgedanke der Woche: Ich bringe mein ganzes Leben ins Gespräch mit Gott, lasse mich von Jesus berühren und wage es, erneut zu trauern und zu klagen.

Für alle Übungen gilt

Es geht nicht darum, ein Programm zu absolvieren, sondern Gott zu begegnen und dem Ziel näher zu kommen, Frieden zu schließen mit ihm und meiner Lebensgeschichte. Wenn ich das Wirken Gottes in einer der Übungen besonders stark erlebe, verweile ich bei dieser Übung, bei diesem Text so lange, wie Gott durch ihn an mir handelt. Wenn das nur ein Text in der ganzen Woche ist, ist es in Ordnung.

---

1. Alltagsübung

Ich bringe alles, was in mir hochkommt, zu Jesus und lasse mich von ihm berühren. Ich nehme mir Zeiten, in denen Schmerz und Wut kommen dürfen und spreche mit Gott darüber.

---

2. Stille Zeit

Ich halte jeden Tag ca. eine halbe Stunde Stille Zeit (wenn ich Stille Zeit noch nicht kenne, kann ich mit einer Viertelstunde beginnen, aber ich sollte es regelmäßig tun) und bedenke dabei betend den angegebenen Text oder die gestellte Aufgabe.

---

3. Tagesrückblick

Ich schaue mir im Rückblick noch einmal meinen Tag an, wie er gelaufen ist, was ich mit Jesus erlebt habe. Ich bitte um Vergebung für alle Gedanken, Worte und Taten, die ihm nicht entsprochen haben, und gebe ihm zurück, was nicht gut war, ich aber nicht ändern konnte. Dann danke ich ihm für das Gute, das er mir geschenkt hat. Als Richtschnur könnte ich mir vornehmen, täglich für fünf Dinge zu danken.

Geistliche Impulse für jeden Tag

1. Tag: Ich lese, meditiere und bete Ps 35. Hier bringt David nicht nur seinen Schmerz vor Gott, sondern auch seine Wut. Er schreit Gott zu, dass er es seinen Feinden heimzahlen soll. Oftmals schlucken wir als Christen unsere Wut hinunter, weil wir sie für Sünde halten, aber sie ist trotzdem in uns, einfach nur verdrängt. Das tut uns nicht gut. In Eph 4, 26 heißt es, dass wir nicht sündigen sollen, wenn wir zornig sind. Das heißt doch, zornig zu sein ist an sich keine Sünde, sondern nur, wenn wir den Zorn ausleben gegen Menschen oder Dinge, wenn wir mit unserem Zorn zerstören. Aber dass wir zornig sind, ist zunächst ganz normal. Wenn Zorn in mir ist, nehme ich mir ein Blatt Papier und schreibe einen zornigen Brief an die Menschen, die mir Böses getan haben, oder an Gott, von dem ich mich schlecht behandelt fühle. Ich schreibe mir meinen Zorn dabei aus dem Herzen heraus. Ich schicke diesen Brief allerdings nicht ab, sondern bringe ihn so lange ins Gebet, bis Frieden in mich eingekehrt ist. Eine andere Möglichkeit, mit meiner Wut umzugehen, ist: Ich gehe allein in den Wald und schreie meinen Zorn heraus. Wichtig ist, dass ich es im Gespräch mit Gott tue und nicht damit allein bleibe. Gott kann meinen Zorn vertragen. Der Zorn muss aber heraus, sonst macht er mich krank und ungenießbar.

---

2. Tag: Ich lese, meditiere und bete Ps 73. Der Psalmbeter hätte fast seinen Glauben an Gott aufgegeben, weil er wahrgenommen hat, dass es den Gottlosen oft besser geht als denen, die Gott gehören und seinen Geboten folgen. Eine Anfechtung, die wir vermutlich auch kennen: »Warum geht es den Menschen so gut, die ohne Gott durchs Leben gehen, und warum geht es mir so schlecht, obwohl ich doch ihm gehöre?« Ich darf diese Frage stellen, sie ist schon alt. Gut ist es, wenn ich diese Frage Gott selbst stelle, mich mit dieser Frage ihm zuwende und sie nicht dazu benutze, mich von ihm abzuwenden. Der Psalmbeter geht mit dieser Frage in den Tempel (d. h. direkt zu Gott) und bekommt dort zum einen die Erkenntnis von Gott, dass es am Ende unseres Lebens einen Unterschied macht, ob wir mit ihm gegangen sind oder nicht. Zum anderen gibt er Gott das Versprechen, bei ihm zu bleiben, egal was kommt. Er entscheidet sich dafür, dass Gott allein für sein Glück ausreichen soll. Wenn wir dies von Herzen mitbeten können, wird uns nichts mehr in unserem Leben aus der Bahn werfen können. Ich bete V. 23-28 so lange nach, bis es meine Worte geworden sind, und ergreife die Zusagen darin, indem ich für sie danke.

3. Tag: Ich bitte Jesus mir zu zeigen, wo er war, als mir das passiert ist, was mir passiert ist, oder auch, wo er nun ist in dem, was so schwierig ist in meinem Leben. Ich lese und meditiere Mt 27, 31-50 und stelle mir Jesus in seiner Verlassenheit vor. Er hat all das Elend ertragen, das uns treffen kann. Jesus am Kreuz war verlassen von seinen Freunden, den Jüngern, wurde ungerecht und entwürdigend behandelt, litt größte Schmerzen und war ausgeliefert und konnte nichts daran ändern. Ja, sogar Gott, sein Vater, hat ihn in diesem Moment verlassen, so dass er total einsam war und diese Einsamkeit aushalten musste. Vielleicht bekomme ich einen inneren Eindruck und entdecke Jesus in dem Szenario, das so schmerzhaft war: Dass Jesus mitgelitten hat, dass er neben meinem Bett saß, als ich krank war, dass er mein Leid gesehen hat.

---

4. Tag: Ich lese und meditiere Sprüche 18, 21: »Tod und Leben sind in der Gewalt der Zunge ... « Welche negativen Einreden sage ich mir immer wieder? Stimmen sie mit dem Wort Gottes überein? Ich prüfe meine negativen Einreden am Wort Gottes, widerrufe sie im Namen Jesu im Gebet und stelle ihnen die Wahrheit Gottes entgegen. Insgesamt ist dies ein längerer Prozess, die eigenen negativen Einreden und Lebenslügen zu entdecken und zu widerrufen. Der heutige Tag kann ein Anfang sein.

---

5. Tag: Ich lese und meditiere Mt 26, 36-46, besonders V. 39. Auch im Leben Jesu verlief nicht alles so, wie er sich das vorgestellt hat. Als die Leidenszeit kam, war er von Angst und Traurigkeit erfüllt. Er wusste zwar, dass er gekommen war, um für uns alle zu sterben. Trotzdem war dieser Weg nicht leicht für ihn. So bat Jesus seinen Vater in Gethsemane drei Mal, das Leiden von ihm abzuwenden. Gleichzeitig willigte er ein in den Willen Gottes. Da Jesus ein Mensch war wie wir, war es für ihn genauso schwierig wie für uns, einzuwilligen und Ja zu sagen. Ich nehme mir Jesus zum Vorbild und sage Ja zu den schwierigen Wegführungen und den »Schicksalsschlägen« in meinem Leben.

Ich bete folgendes Gebet von Charles de Foucauld:
Mein Vater, ich überlasse mich dir; mach mit mir, was dir gefällt.
Was du auch mit mir tun magst, ich danke dir.
Zu allem bin ich bereit, alles nehme ich an.
Wenn nur dein Wille sich an mir erfüllt und an allen deinen Geschöpfen,
so ersehne ich weiter nichts, mein Gott.

In deine Hände lege ich meine Seele.
Ich gebe sie dir, mein Gott, mit der ganzen Liebe meines Herzens,
weil ich dich liebe und weil diese Liebe mich treibt,
mich dir hinzugeben, mich in deine Hände zu legen ohne Maß,
mit einem grenzenlosen Vertrauen. Denn du bist mein Vater.

---

6. Tag: Ich lasse das Bild von der Erschaffung des Menschen (siehe S. 98) auf mich wirken. So zärtlich, wie Gott auf diesem Bild Adam berührt, möchte er mich berühren, gerade da, wo ich besonders verwundet bin.

---

7. Tag: Ich wiederhole die Übung von gestern und lasse mich von Gott, meinem Schöpfer und Vater, berühren, indem ich das Bild anschaue und mir vorstelle, dass er mich so liebevoll berührt, wie es das Bild zeigt.

Notizen

3.

Wir beten an verschiedenen Stationen

Ablauf

18.30 Uhr	Treffen der Gruppenleiter/innen zu Gebet, Bericht über die Austauschgruppen des letzten Abends und Vorbesprechung des Abends sowie zum Aufbau der Gebetsstationen.
19.30 Uhr	Beginn mit einer Anbetungszeit oder gemeinsamem Singen und Stilleübung (je nach Spiritualität der Gemeinde).
20.00 Uhr	Einführung in die Gebetsstationen.
20.45 Uhr	Austausch in den Kleingruppen.
21.30 Uhr	Abendmahl
21.45 Uhr	Einführung in die Impulse und geistlichen Übungen für die nächste Woche.
22.00 Uhr	Schluss

Einführung

Hinweis für die, die den Kurs im Hauskreis machen
Im Hauskreis kann man die verschiedenen Stationen durchgehen oder einzelne auswählen. Das Abendmahl kann auch wegfallen, wenn man es nicht im Hauskreis feiern kann/möchte. Falls man die Gebetsstationen überhaupt ausfallen lassen möchte oder muss, könnte man wie auf S. 12 vorgeschlagen verfahren.

Heute haben wir einige Gebetsstationen im Raum aufgebaut, um manches von dem Gehörten und in den beiden letzten Wochen Praktizierten noch einmal praktisch und symbolisch umzusetzen.

Da ist eine Station,
1. an der ich meiner Wut Ausdruck verleihen kann,
2. eine, an der ich annehmen kann, was schwierig war, womit ich jetzt aber Frieden schließen will,
3. eine Station, an der Menschen stehen, die bereit sind, für die zu beten, die kommen. Hier ist es auch möglich, seine Schuld zu bekennen und Vergebung zu erlangen,
4. eine Station zum Trauern,
5. eine Station, an der ich malen kann.

In einer Ecke des Raumes ist es möglich zu »soaken«, d.h. sich entspannt hinzusetzen oder hinzulegen und den Heiligen Geist und die Liebe Gottes einfach wirken zu lassen, sich sozusagen »volllaufen zu lassen« mit seiner Gegenwart und Liebe.

An der Wand sehen wir noch einmal das Bild von der Erschaffung des Menschen. Man kann es betrachten und auf sich wirken lassen und darüber das Gespräch mit Jesus suchen bzw. sich vom ihm berühren lassen.

Bei einigen Stationen gibt es symbolische Hilfen.

Wir nehmen uns nun 45 Minuten Zeit für diese Stationen. Jeder kann beginnen, wo er möchte. Sie können sich aber auch überlegen, welche der Stationen Sie besuchen wollen, und längere Zeit bei einer verweilen. Wenn Sie nur eine Station »schaffen«, ist es gut. Es geht nicht um ein Programm!

Gebetsstationen

1. Wut-Station

Herr, ich bringe dir meine Wut ... (in eigenen Worten).
Wem es hilft, der darf einen Zettel zerknittern oder zerreißen und in einen bereitgestellten Papierkorb werfen, um seiner Wut Ausdruck zu verleihen.

2. Ja-Sage-Station

Bei der Station zum Friedenschließen liegen Zettel mit einem Gebet, das ich für mich beten und so ergänzen und umformulieren kann, dass es für mich passt.

Herr, mein Gott, ich komme zu dir und sage Ja zu dem, wie mein Leben war. Es gab Geschehnisse in meinem Leben, die sehr schwer für mich waren. Aber ich konnte und kann sie nicht ändern. Ich lege sie jetzt zurück in deine Hände.
Ich gebe dir die Wut,
ich gebe dir die Trauer,
ich gebe dir die Verzweiflung,
ich gebe dir das Aufbegehren
und schließe jetzt Frieden mit ...

Gebet von Charles de Foucauld

Mein Vater, ich überlasse mich dir; mach mit mir, was dir gefällt.
Was du auch mit mir tun magst, ich danke dir.
Zu allem bin ich bereit, alles nehme ich an.
Wenn nur dein Wille sich an mir erfüllt und an allen deinen Geschöpfen,
so ersehne ich weiter nichts, mein Gott.
In deine Hände lege ich meine Seele.
Ich gebe sie dir, mein Gott, mit der ganzen Liebe meines Herzens,
weil ich dich liebe und weil diese Liebe mich treibt,
mich dir hinzugeben, mich in deine Hände zu legen ohne Maß,
mit einem grenzenlosen Vertrauen. Denn du bist mein Vater.

3. Vergebungs-Station

Herr, vergib mir meine Schuld!
»Wenn wir sagen, dass wir keine Sünde haben, führen wir uns selbst in die Irre und die Wahrheit ist nicht in uns. Wenn wir unsere Sünden bekennen, ist er treu und gerecht; er vergibt uns die Sünden und reinigt uns von allem Unrecht. Wenn wir sagen, dass wir nicht gesündigt haben, machen wir ihn zum Lügner und sein Wort ist nicht in uns.« (1. Joh 1, 8-10)

Bei der Station der Vergebung liegen leere Zettel. Ich kann meine Schuld aufschreiben und die Zettel verdeckt an ein Kreuz aus Dachlatten oder Naturholz heften. (Wenn ein solches nicht vorhanden ist, lege ich die Zettel verdeckt in einen bereitgestellten Korb.) Wir werden sie im Laufe des Abendmahls abnehmen, zerreißen und in einen großen Papierkorb werfen. Wenn jemand einen Menschen braucht, der ihm Vergebung zuspricht, ist das auch möglich. An der Station stehen Menschen, die bereit sind, als Zeugen zu fungieren und uns Vergebung zuzusprechen.

4. Trauer-Station

Ich betrachte das Bild »Schutzmantelchristus« (S.99) und schaue, mit welcher Person ich mich identifizieren kann. Ich lasse mich von Jesus in den Arm nehmen und berge mich bei ihm.

5. Mal-Station

An dieser Station besteht die Möglichkeit, ein Bild zu malen:
ein Bild, das meine Situation ausdrückt,
ein Bild mit dem Thema: Gottes Wirken in meinem Leid,
ein Bild, das ein inneres Bild widergibt, das ich hatte.

Kleingruppen

Austausch in der Gruppe nach einer Dreiviertelstunde Zeit an den verschiedenen Stationen (wer an diesem Abend nicht in seine Gruppe gehen will, kann auch den ganzen Abend an einer der Stationen für sich allein bleiben): Wie ging es mir gerade an den Stationen und wie mit der Alltagsübung und den Tagesimpulsen in meiner Stillen Zeit? Wie ging es mir mit dem Klagen und den entsprechenden Psalmen und der Berührung durch Jesus? Wodurch hat Jesus besonders zu mir gesprochen? Wenn es nur ein Text oder Bild in der ganzen Woche war, ist es gut. Wir tauschen unsere Erfahrungen aus und diskutieren nicht darüber. Rückfragen dürfen gestellt werden. Wenn jemand nichts sagen möchte, weil seine Erfahrungen z. B. zu persönlich waren, ist es in Ordnung.

Abendmahl

Wir feiern das Abendmahl mit einem ausführlichen Gabenbereitungsgebet, in dem wir all das, was uns ausmacht, zu Jesus bringen, damit er es heilen und verwandeln kann.

Gedanken zum Gabenbereitungsgebet:
Das sogenannte Gabenbereitungsgebet ist in der evangelischen Christenheit wenig bekannt. Es steht am Anfang der Liturgie zum Abendmahl und wird eher in evangelisch-lutherischen Gemeinden gebetet. Wenn man keine ausführliche Liturgie feiert, betet man es einfach vor den Einsetzungsworten.

Den biblischen Hintergrund dafür finden wir in der Geschichte von der Brotvermehrung, insbesondere in Joh 6, 1-13: Ein kleines Kind bringt Jesus seine fünf Brote und zwei Fische. Jesus nimmt sie, dankt Gott dafür, gibt sie denen, die sich gelagert haben, und alle 5000 Menschen werden satt.
In Joh 6, 35-58 spricht Jesus dann von sich als dem Brot des Lebens, das wir essen müssen, um das ewige Leben zu haben, das heißt, er nimmt die Brotvermehrung als eine Art Gleichnis für das Abendmahl. Außerdem kann man die »Gabenbereitung« so erklären, dass wir unser normales Brot und unseren Wein für das Abendmahl nehmen und Jesus es gebraucht, um sich uns dadurch zu schenken: Er nimmt unsere Gaben und lässt uns durch sie eine besondere Form seiner Gegenwart erfahren.

So beten wir zu Beginn der Abendmahlsfeier in der Weise, dass wir uns selbst und unsere Welt in den Gaben von Brot und Wein vor Gott bringen.

Herr, wir kommen zu dir und bringen dir das Brot und den Wein,
unsere „fünf Brote und zwei Fische".

Wir bringen dir uns selbst, unsere Lebensgeschichte,
unsere Verletzungen, unser Leid.
Wir bringen dir all das, was nicht so geworden ist,
wie wir es gerne gehabt hätten.
Wir bringen dir unsere unguten Lebensmuster,
unsere dunklen Stellen und unsere Schuld.
All das halten wir dir hin.
Wir hören auf, um all diese Dinge zu kreisen,
aber wir laufen auch nicht davor weg.

Vergib uns unsere Schuld und sende uns deinen Heiligen Geist.
Verwandele unser Leben so, wie du die fünf Brote verwandelt hast
und viele Menschen durch sie satt gemacht hast.
Verwandele unsere Lebensgeschichte und mach daraus etwas,
das zum Kapital für uns und andere wird.

Wir legen dir im Brot auch unseren Alltag hin, alles,
was uns täglich aufreibt, das Vielerlei, das uns innerlich oft zerreißt,
unsere Mühe, unsere Sorgen, unsere Probleme und unsere Arbeit.

Sende Deinen Heiligen Geist über unseren Alltag
und in unseren Alltag hinein, damit er geprägt ist
von deiner Gegenwart und Liebe.

Im Kelch bringen wir nicht nur den Wein vor dich, Herr,
sondern auch alles Leid und alle Freude dieser Welt,
die Bedrängnisse der Menschen und unsere Sehnsucht nach Liebe.

Wir bringen dir alles, was sich in uns angesammelt hat an Schmerz
und Sehnsucht, an Leid und Freude.

Danke, dass wir dir alles bringen dürfen, was uns betrifft
und du alles verwandeln kannst und willst.

Übungen und Gebetsimpulse für die 3. Woche

Leitgedanke der Woche: Ich meditiere und bete einen Vertrauenspsalm nach, damit mir das Vertrauen zu Gott in Fleisch und Blut übergeht.

Für alle Übungen gilt
Es geht nicht darum, ein Programm zu absolvieren, sondern Gott zu begegnen und dem Friedenschließen mit Gott hinsichtlich meiner Lebensgeschichte näher zu kommen. Wenn ich durch eine Übung das Wirken Gottes stark erlebe, verweile ich bei dieser Übung, bei diesem Text so lange, wie Gott durch ihn an mir handelt. Wenn das nur ein Text in der ganzen Woche ist, ist es in Ordnung.

---

1. Alltagsübung
Ich spreche Jesus in meinem Alltag mein Vertrauen aus besonders dann, wenn ich mit herausfordernden Situationen konfrontiert bin.

---

2. Stille Zeit
Ich halte jeden Tag ca. eine halbe Stunde Stille Zeit (wenn ich Stille Zeit noch nicht kenne, kann ich mit einer Viertelstunde beginnen, aber ich sollte es regelmäßig ein paar Minuten tun) und bedenke dabei betend den angegebenen Text oder die gestellte Aufgabe.

---

3. Tagesrückblick
Ich schaue mir im Rückblick noch einmal meinen Tag an, wie er gelaufen ist, was ich mit Jesus erlebt habe. Ich bitte um Vergebung für alle Gedanken, Worte und Taten, die ihm nicht entsprochen haben, und gebe ihm zurück, was nicht gut war, ich aber nicht ändern konnte. Dann danke ich ihm für das Gute, das er mir geschenkt hat. Als Richtschnur könnte ich mir vornehmen, täglich für fünf Punkte zu danken.

Geistliche Impulse für jeden Tag

Diese Woche lade ich uns ein, sieben Tage lang einen einzigen Bibeltext zu meditieren, ihn in uns einzulassen und ihn durchzubeten mit dem Ziel, dass wir ihn »verstoffwechseln«, dass er uns tief im Innern prägt. Dazu wollen wir Psalm 63, 2-9 jeden Tag wieder neu lesen, unter einem anderen Aspekt anschauen und beten. In diesem Psalm geht es um unsere Sehnsucht nach Gott:

Psalm 63, 2-9

»2 Gott! Du bist mein Gott! Ich sehne mich nach dir, dich brauche ich! Wie eine dürre Steppe nach Regen lechzt, so dürste ich, o Gott, nach dir. 3 Ich suche dich in deinem Heiligtum, um deine Macht und Herrlichkeit zu sehen. 4 Deine Liebe bedeutet mir mehr als mein Leben! Darum will ich dich loben; 5 mein Leben lang werde ich dir danken und meine Hände zum Gebet emporheben. 6 Ich juble dir zu und preise dich, ich bin glücklich und zufrieden wie bei einem Festmahl. 7 Wenn ich nachts in meinem Bett liege, denke ich über dich nach, meine Gedanken sind dann nur bei dir. 8 Denn du hast mir immer geholfen; ich preise dich, unter deinem Schutz bin ich sicher und geborgen. 9 Ich klammere mich an dich, und du hältst mich mit deiner starken Hand.« (»Hoffnung für alle«)

---

1. Tag: Ich lese, meditiere und bete Ps 63, 2: »Gott, du bist mein Gott, ich sehne mich nach dir.« Das ist die Grundsehnsucht von uns Menschen, die Sehnsucht nach Gott, die Sehnsucht nach unserem Ursprung. Wir sind als sein Gegenüber geschaffen, und wenn wir dieses Gegenüber nicht haben, nicht kennen oder getrennt sind von ihm, sind wir wie ein Fisch auf dem Trockenen. Dann müssen wir uns andere Dinge suchen, um unsere Sehnsucht zu stillen. Und wenn´s extrem ist, wird unsere Sehnsucht zur Sucht. Manche haben diese Sehnsucht auch abgetötet und spüren sie nicht mehr, weil sie denken, dass es doch keine Antwort auf diese Sehnsucht gibt. Sie sind hart geworden, eventuell zynisch und verbittert. Aber diese Sehnsucht ist in jedem Menschen vorhanden. Denn wir wissen tief in uns, dass es einen Gott gibt, der uns liebt. Ich bringe Gott meine Sehnsucht und die Bereiche meines Lebens, die mir wie eine dürre Steppe vorkommen, die nach Regen lechzen; meinen Durst nach Leben; das, wo ich noch kein Leben empfinde; das, wo ich Trockenheit erlebe.

2. Tag: Ich lese, meditiere und bete Ps 63, 2 erneut. Heute danke ich ihm dafür, dass ich Gott kennen darf, dass er sich von mir hat finden lassen, dass er mich gefunden hat, dass ich mit ihm leben darf. Ich danke ihm für alles, worin mein Leben schon saftig und erfüllt ist, wo ich ihn erlebe, wo ich mich fühle wie ein Fisch im Wasser. V. 3: »Ich suche dich in deinem Heiligtum ...« Ich mache mich auf zu dir, Gott. Ich will deine Macht und Herrlichkeit erleben. Ich will erleben, dass du große Dinge zu tun vermagst. Auch diesen Vers bete ich für mich mit meinen eigenen Worten weiter.

---

3. Tag: Ich lese, meditiere und bete Ps 63, 4: »Deine Liebe bedeutet mir mehr als mein Leben!« Kann ich das so sagen? Will ich das so sagen? Hier geht's an die Substanz. An dieser Stelle kann ich ihm meine Ängste sagen, das, wofür ich diesen Vers so nicht sagen kann. Wo mir Dinge meines Lebens wichtiger sind als er. Wo mir Menschen wichtiger sind als er. Wo ich mich gegen ihn entscheiden würde, wenn mir etwas in meinem Leben genommen würde, das mir wertvoll ist, und ich wählen könnte. Ich kann ihm das hinhalten und um Vergebung bitten. Ich sage ihm, dass ich seine Liebe offensichtlich noch nicht tief genug kenne, dass ich ihm noch nicht so vertrauen kann, und bitte ihn um mehr Liebe. Wenn ich es innerlich kann und will, kann ich aber auch einen Schritt weitergehen und ihm bekennen, dass mir seine Liebe wirklich mehr bedeutet als ... (Hier setze ich konkret ein, was mir kostbar ist.)

---

4. Tag: Ich lese, meditiere und bete Ps 63, 5: »Darum will ich dich loben, mein Leben lang werde ich dir danken.« Will ich das? Gott loben zu wollen ist ein Entschluss. Und ihm danken zu wollen auch. Gut ist es, es dann auch gleich zu tun. Ich werde selbst Gewinn davon haben. Beim Danken merke ich, was er mir Gutes getan hat. Auch dann, wenn´s mir gerade mal schlecht geht.

---

5. Tag: Ich lese, meditiere und bete Ps 63, 6: »Ich juble dir zu, bin glücklich und zufrieden wie bei einem Festmahl.« Wenn ich Gott nahe bin, ist das wie bei einem Festmahl oder wie an der Mutterbrust (Ps 131, 2). Kann ich das nachvollziehen? Die Nähe Gottes hat riesige Auswirkungen: Durch Gottes Nähe wird alles anders; auch in schlimmsten Situationen ist Frieden, wenn Gott da ist. So wie es in Ps 23 steht: »Du deckst mir den Tisch im Angesicht meiner Feinde.« Diese Zufriedenheit kann ich nicht erzeugen, auch nicht durch eine Gebetsübung. Aber ich bin gewiss, Gott möchte sie uns schenken, wenn wir uns immer wieder zu ihm aufmachen, unser Leben vor ihm ausbreiten und ihn in allem wirken lassen. Also sage ich ihm, was ich ihm sagen möchte und was mir bei diesem Vers einfällt.

---

6. Tag: Ich lese, meditiere und bete Ps 63, 8: »Denn du hast mir immer geholfen; ich preise dich ...« Als ich diesen Vers das erste Mal bewusst las, so dass er mir ins Herz fiel, musste ich weinen. Denn das stimmt. Er hat mir immer geholfen, letztlich. Aber mein Leben war nicht immer einfach. Und manchmal dachte ich auch, Gott sei weit weg. Da gab es ganz schwierige Phasen. Ich gehe mein Leben vor Gott durch und danke ihm für seine Hilfe, auch in schwierigen Situationen.

---

7. Tag: Ich lese, meditiere und bete Ps 63, 9: »Ich klammere mich an dich ...« Hier geht es um aktuelles Vertrauen. Ich bringe Gott all das, worin ich ihm vertrauen möchte. All das, wovor ich vielleicht Angst habe; all das, bei dem ich seine starke Hand brauche; all das, von dem ich den Eindruck habe, ich könnte versinken. Dann schaue ich mir noch einmal die zurückliegende Woche an und danke Gott für das, was er mir geschenkt hat.

Notizen

4.

Kann ich es mir leisten, nicht zu vergeben?

Ablauf

19.00 Uhr	Treffen der Gruppenleiter/innen zu Gebet, Bericht über die Austauschgruppen des letzten Abends und Vorbesprechung des Abends.
19.30 Uhr	Beginn mit einer Anbetungszeit oder gemeinsamem Singen und Stilleübung (je nach Spiritualität der Gemeinde).
20.00 Uhr	Austausch in den Kleingruppen.
21.00 Uhr	Referat zum Thema.
21.30 Uhr	Eventuell Abendmahl mit dem Schwerpunkt der Vergebung. Danach Einführung in die Impulse und Übungen für die nächste Woche.
22.00 Uhr	Schluss

Kleingruppen

Wie ging es mir mit der Alltagsübung und den Tagesimpulsen in meiner Stillen Zeit? Wie ging es mir mit dem Vertrauen? Wodurch hat Jesus besonders zu mir gesprochen? Wenn es nur ein Text in der ganzen Woche war, ist es gut. Wir tauschen unsere Erfahrungen aus und diskutieren nicht darüber. Rückfragen dürfen gestellt werden. Wenn jemand nichts sagen möchte, weil seine Erfahrungen z. B. zu persönlich waren, ist es in Ordnung.

Referat

Kann ich es mir leisten, nicht zu vergeben? Was für eine Frage! Viele leisten sich das. Sie leisten es sich nachzutragen. Sie leisten es sich, an negativen Lebenserfahrungen festzuhalten. Sie leisten sich Groll und Bitterkeit, Wut und Ärger. Und wenn wir uns etwas leisten, kostet es etwas. Wir zahlen einen Preis für das, was wir uns leisten.

Ich möchte uns eine Geschichte aus dem Neuen Testament vor Augen führen, die Jesus seinen Jüngern erzählt hat, als Petrus ihn fragt: Wie oft muss ich meinem Bruder vergeben? Reicht sieben Mal? (Mt 18, 21-35)

Wie oft muss ich meinem Mitmenschen vergeben? Reicht sieben Mal? Eigentlich viel, finde ich. Sieben Mal in einer Angelegenheit, sieben Mal eventuell an einem Tag in einer Angelegenheit? Ich finde, Petrus ist ganz schön großzügig. Vermutlich dachte er, als er Jesus das fragte: »Ich bin sicher ganz gut. Jesus wird stolz auf mich sein: Sieben Mal in einer Angelegenheit. Wer tut das schon?« Einmal den Mülleimer vergessen herauszustellen? In Ordnung. Das kann man ja noch verzeihen. Aber sieben Wochen hintereinander den Mülleimer vergessen? Das geht zu weit. Jedes Mal verzeihen? Wer das tut, ist schon sehr tolerant. Also: »Petrus, sehr gut!« So denkt sich Petrus die Reaktion von Jesus. Aber nein. Nicht sieben Mal, sondern sieben mal siebzig Mal, und das heißt nicht vierhundertneunzig Mal, sondern unendlich oft. Immer sollen wir vergeben. Warum? Weil es uns einen hohen Preis kostet, nicht zu vergeben, weil wir es uns besser nicht leisten sollten, nicht zu vergeben.

Was ist der Preis dafür, nicht zu verzeihen?

Oder anders: Was hat es für Auswirkungen für unser Leben, wenn wir nicht vergeben? Jesus sagt uns hier nicht nur ein religiöses Gebot, sondern etwas, das für uns gut ist, wenn wir uns daran halten. Etwas, das uns zum Leben dient. Weil wir, wenn wir nicht verzeihen, im »Gefängnis« landen und Gott uns den

»Folterknechten« übergibt. So die Bildersprache des Gleichnisses. Was bedeutet das?

Die Folgen davon, dass ein Mensch nicht vergibt, sind z.B.:

Verbitterung. Kennen Sie verbitterte Menschen? Schauen Sie einmal, d.h. hören Sie einmal, worüber sie sprechen: meist über irgendwelche Dinge, die ihnen die Menschen oder das Leben zugefügt haben. Oder kennen Sie es von sich selber, verbittert zu sein? Verbittert über Menschen, verbittert über das Leben, verbittert über Gott? Es ist nicht angenehm, mit verbitterten Menschen zusammenzusein. Die meisten von ihnen sind deshalb auch noch einsam. Und das vervielfacht ihre Verbitterung. Verbitterung ist der Preis für nicht gewährte Vergebung.

Empfindlichkeit kann auch eine Folge von nicht gewährter Vergebung sein. Menschen, die man nur mit Samthandschuhen anfassen kann, damit sie nicht beleidigt sind, oder die um sich schlagen oder sich zurückziehen – auch sehr schwierige Zeitgenossen. Aber ich will mich nicht darüber stellen. Auch ich habe meine empfindlichen Stellen. Woher kommen sie? Von Verletzungen, die ich an diesen Stellen erhalten habe.

Unnahbarkeit kann aus Nicht-Vergeben resultieren, es sei denn, der Mensch ist von seiner Charakterstruktur her unnahbar und distanziert. Wenn ein Mensch immer Distanz hält, tut er das eventuell, weil er verletzt worden ist. Durch seine Distanz will er sich vor weiteren Verletzungen schützen. Aber er hält sich damit auch die Liebe von Menschen auf Distanz und wird einsam.

Anklagen, Vorwürfe, negatives Reden sind ebenfalls Folgen von bzw. Indizien für Nicht-Vergeben.

Selbstmitleid, bestimmte Krankheiten, bestimmte Ängste, Depressionen usw. können als Auswirkungen verweigerter Vergebung auftreten. Es ist eine Erfahrung beim Gebet für Kranke, dass die Krankheit manchmal verschwindet, wenn der Kranke seine Schuld bekennt und denen vergibt, die an ihm schuldig geworden sind. Das gilt nicht immer, aber ab und zu (siehe auch Psalm 32).

Angriffsflächen und Einfallstore für dämonische Mächte: Das Geplagtwerden durch dämonische Mächte kann seine Ursache im Nicht-Vergeben haben.

Der Preis ist riesengroß, wenn wir denen nicht vergeben, die an uns schuldig geworden sind.

Corrie ten Boom, eine niederländische Christin, hatte zusammen mit ihrer Familie im Krieg Juden versteckt. Sie kamen daraufhin in verschiedene Konzentrationslager, und bis auf sie selbst starben alle ihre Familienangehörigen. Nach ihrer Freilassung gründete sie ein Haus für KZ-geschädigte Menschen. Ihre Aussage über diese Menschen war: »Aber für all diese Menschen gab es nur einen Weg zur Heilung. Jedem hatte man etwas angetan, das er vergeben musste…« (Corrie ten Boom, Zuflucht, 1978, S. 235)

Kann ich es mir leisten, nicht zu vergeben? Will ich es mir leisten, einen so hohen Preis dafür zu zahlen? Ich nicht!

Warum also soll ich vergeben?

Weil Jesus es mehrfach in seinem Wort gesagt hat

Mt 6, 12-15: Wenn wir nicht vergeben, wird Gott uns nicht vergeben.
Mk 11, 24-26: Vergeben hat Einfluss auf unsere Vollmacht im Gebet.
Mt 18, 21-35: Wenn wir nicht vergeben, wird uns nicht vergeben.

Weil es mir besser geht

Vergebung ist der Schlüssel zu Heilung und Vollmacht. Wenn ich nicht vergebe, stehe ich in der Gefahr, ernsthaft krank zu werden. Durch Nichtvergeben lasse ich mir ein großes Maß an Lebensqualität rauben, denn Vergebung ist Grundlage und Basis unserer Beziehungsfähigkeit. Jemand, der nicht vergeben kann, ist nur sehr eingeschränkt beziehungsfähig. Ja, ich lasse mir sogar die Möglichkeit rauben, eine enge Beziehung zu Gott haben zu können, denn Nichtvergeben ist wie eine Verstopfung in dem Kanal, der mich mit Gott verbindet.

Warum kann ich vergeben? Weil Gott mir zuerst vergeben hat

Die Geschichte mit dem Gefängnis in dem Gleichnis (Mt 18, 21-35) hat ja eine Vorgeschichte: Der, der zum Schluss im Gefängnis von Folterknechten gepeinigt wird, hat zuerst Schulden, und zwar beim König selbst. Er hat gewaltige Schulden. Bei einer Umrechnung ist man auf 50 Millionen Euro gekommen. Die hätte er nie zurückzahlen können. Der König erlässt ihm die Schuld. Und der König steht für Gott. So ist Gott zu uns. Bei ihm sind wir so schuldig, dass wir es nie zurückzahlen könnten, auch wenn wir es wollten und uns anstrengten. Aber er hat den Preis für unsere Schuld(en) bezahlt. Er hat nicht einfach fünf gerade sein lassen, sondern mit dem Leben seines Sohnes

Jesus bezahlt. Er hat Jesu Leben als Lösegeld für uns gegeben. Lösegeld zahlt man in der Regel einem Kidnapper, damit er den Menschen wieder frei gibt, den er entführt hat. Wir sind sozusagen alle von Sünde, Tod und Teufel gekidnappt, und Jesus hat sein Leben als Lösegeld gegeben, damit wir frei kommen. Deshalb können wir vergeben, weil Jesus für all unsere Schuld bezahlt hat. Er hat uns Unsummen vergeben. Und wir können, ja müssen sie nie abbezahlen.

Wem soll ich vergeben? Allen Menschen, die an mir schuldig geworden sind:

- Menschen, die mich verletzt, ungerecht behandelt und geschädigt haben, die mir z. B. als Kind nicht gegeben haben, was ich gebraucht hätte, unbewusst oder bewusst. Das können unsere Eltern sein, unsere Partner, unsere Kollegen, unsere Nachbarn, unsere Chefs, unsere Lehrer, unsere Schüler, unsere Hauskreisgeschwister, unsere Ärzte ...

- Der Kirche, die uns den Weg zu Gott vielleicht nicht gezeigt, sondern vielleicht eher behindert hat: Pfarrern, Priestern, Pastoren, Kirchenvorstehern, Mitarbeitern, Gemeindeleitern ...

- Manche müssen sogar »Gott vergeben«, weil er etwas Bestimmtes in ihrem Leben zugelassen hat, einen geliebten Menschen zu sich genommen hat, bestimmte Lebensumstände zugelassen hat. Oder anders ausgedrückt: Wir unterlassen unsere Anklage gegenüber Gott, bekennen unsere Rebellion und schließen Frieden mit dem, was er zugelassen hat.

- Sich selbst. Vielleicht haben wir irgendwann einmal gesagt: »Wenn mir das und das passiert, werde ich mir das nie vergeben können.« Doch nun ist es uns passiert und es macht uns krank. Auch wir müssen uns das vergeben, was Gott uns längst vergeben hat.

Wie soll ich denn vergeben? Wie mache ich das praktisch?
Viele sagen: »Das kann ich nicht.« Da ist so viel Zorn, Wut, Trauer. Das mag stimmen. Manche haben Schreckliches erlebt, und wenn sie davon erzählen, kann man sofort mit weinen. Jesus weiß das und wahrscheinlich weint er auch über vieles mit uns, z.B. wenn jemand missbraucht worden ist, wenn er einen lieben Menschen vorzeitig verloren oder schrecklich viel Unrecht erlebt hat. Wenn das der Fall ist, können wir das erfahrene Leid zunächst vor Jesus und eventuell einem erfahrenen Seelsorger aussprechen und Jesus bitten, dass er uns heilend berührt.

Einige praktische Schritte der Vergebung:

1. Ich nehme meine Verletzung zur Kenntnis.
Ich muss zuerst zugeben, dass ich verletzt worden bin. Bevor ich das zugebe, nützt die Vergebung nichts. Die Aussage »Es war ja nicht so schlimm« hilft da nicht.

2. Ich nehme Wut, Schmerz, Trauer wahr und lasse sie zu.
Eine Hilfe dazu kann es auch hier sein, einen Brief an den zu schreiben, der mich verletzt hat, ihn ins Gebet hineinzunehmen und Jesus zu bringen, eventuell auch mit einem Seelsorger darüber zu sprechen. Erst wenn das geschehen ist, ist es gesund, ausdrücklich zu vergeben. Wenn es zu schnell geschieht, ist es eventuell nicht tief genug, und das Alte kommt wieder hoch. Oder ich habe das Alte doch verdrängt und mit dem Mäntelchen der Vergebung zugedeckt.

3. Ich vergebe als Selbsthygiene, ja mehr noch: zu meiner Selbsterhaltung.
Erst jetzt kommt die ausdrückliche Vergebung. Ich spreche Vergebung aus vor Gott. Ich wünsche dem anderen Gutes und beschließe, ihm nichts mehr nachzutragen und mich nicht an ihm zu rächen, denn Rache vernichtet mich. Damit entziehe ich dem, der mich verletzt hat, die Kontrolle über mich. Denn die hatte er tatsächlich, solange ich ihm böse war. Wenn ich nämlich nachtrage, habe *ich* daran zu tragen. Vergebung ist also eigentlich eine Form von Selbsthygiene, ja Selbsterhaltung. Sie tut mir besser als dem, dem ich vergebe, denn der weiß eventuell gar nichts mehr von seiner Schuld.

Noch konkreter:
- Ich entschließe mich zu vergeben und spreche Vergebung aus – je konkreter, desto besser. Ich vergebe alles, was notwendig ist.
- Ich bitte Gott selbst um Vergebung, wo ich schuldig geworden bin.
- Ich verzichte bewusst und willentlich auf alles Nachtragen, alle Rachegedanken und Rachetaten usw.
- Ich gebe die betreffenden Personen frei, entlasse sie von meinen Vorwürfen und segne sie.
- Ich bekenne vor Gott und dem Zeugen, dass ich nicht besser bin als jene Person.

Ich mag zwar noch nie getan haben, was er/sie gemacht hat, aber ich bin bestimmt in anderer Hinsicht ebenso schuldig wie dieser Mensch – in Gottes Augen mit Sicherheit.

4. Ich versöhne mich, wenn beide Seiten dafür offen sind.
Diesen Schritt kann ich nur gehen, wenn der Andere ihn auch will. Es ist also nicht klar, ob er stattfinden kann. Es braucht einen, um zu vergeben, es braucht zwei, um sich zu versöhnen. Wir können nur versöhnt werden, wenn es dem Anderen wirklich leid tut. Vergebung ist an keine Bedingung geknüpft, Versöhnung ist an die Bedingung geknüpft, dass der Andere es nicht wieder tun will. Der, der verletzt hat, muss etwas tun, das Wiedergutmachung ist. Wenn er etwas gestohlen hat, muss er es zurückgeben. Wenn er die Ehe gebrochen hat, muss er Dinge tun, die dem Betrogenen helfen, wieder neu vertrauen zu können. Versöhnung kostet etwas. Man kann die Vergangenheit nicht einfach ruhen lassen. Wenn der Täter mit Ablehnung reagiert, muss man das Gespräch abbrechen. Wenn der andere nicht zur Versöhnung bereit ist, gibt es keine Versöhnung. Trotzdem ist die Vergebung ausreichend, um selber Frieden zu bekommen. Sie ist möglich ohne eine Bedingung, die der Täter erfüllen muss.

5. Ich bekenne meine eigene Reaktionsschuld, wo ich verbittert bin, Gott verflucht habe, zurückgeschlagen, nachgetragen, eben nicht vergeben habe. Auch das ist wichtig: Es gibt immer etwas, womit auch ich Schuld auf mich geladen habe, und wenn es nur das ist, dass ich vielleicht jahrelang mit meinem Schicksal gehadert habe. Freiheit bekomme ich dann, wenn ich um Vergebung bitte.

Dabei empfehle ich zweierlei:
1. Die Bitte um Vergebung Gott gegenüber. Wenn es um »klebrige Dinge« geht, d.h. um Punkte, die mein Leben behindern, sollte ich es vor einem Zeugen tun als Beichte. Das ist sehr hilfreich und befreiend.
2. Wenn ich Menschen gegenüber schuldig geworden bin, sollte ich auch sie um Vergebung bitten, z.B. einen Brief schreiben, telefonieren, klären, was ich klären kann. Auch hier ist es hilfreich, dies mit einem Seelsorger oder einem anderen Menschen meines Vertrauens zu besprechen, damit in meinem Schuldbekenntnis nicht versteckte Vorwürfe oder Selbstrechtfertigungen enthalten sind.

Das mag alles schwer klingen und ist es auch in mancher Hinsicht, vor allem, wenn wir gerade so richtig sauer, wütend oder tief verletzt sind. Aber sollen wir es uns leisten, uns selbst ins Gefängnis zu bringen durch unser Nichtverzeihen?

Eventuell Feier des Abendmahls mit dem Schwerpunkt auf Vergebung.

Übungen und Gebetsimpulse für die 4. Woche

Leitgedanke der Woche: Vergebung. Ich beschäftige mich mit Mt 18, 21-35 und zwei sogenannten Bußpsalmen und gehe die verschiedenen Schritte der Vergebung.

Für alle Übungen gilt
Es geht nicht darum, ein Programm zu absolvieren, sondern Gott zu begegnen und dem Ziel näher zu kommen, Frieden zu schließen mit ihm und meiner Lebensgeschichte. Wenn ich das Wirken Gottes durch eine Übung besonders stark erlebe, verweile ich bei dieser Übung, bei diesem Text so lange, wie Gott durch ihn an mir handelt. Wenn das nur ein Text in der ganzen Woche ist, ist es in Ordnung.

1. Alltagsübung
Ich übe mich darin zu vergeben, wann immer ich Dinge in meinem Alltag erlebe, die mich verletzen. Ich vergebe sofort, ohne groß darüber nachzudenken.

2. Stille Zeit
Ich halte jeden Tag ca. eine halbe Stunde Stille Zeit (wenn ich Stille Zeit noch nicht kenne, kann ich mit einer Viertelstunde beginnen, aber ich sollte es regelmäßig tun und so lange, wie es für mich möglich und gut ist) und bedenke dabei betend den angegebenen Text oder die Aufgabe.

3. Tagesrückblick
Ich schaue mir im Rückblick noch einmal meinen Tag an, wie er gelaufen ist, was ich mit Jesus erlebt habe. Ich bitte um Vergebung für alle Gedanken, Worte und Taten, die ihm nicht entsprochen haben, vergebe den Menschen, die an mir schuldig geworden sind und gebe Gott alles Unvollendete zurück. Dann danke ich ihm für das Gute, das er mir in meinem Leben geschenkt hat.

Geistliche Impulse für jeden Tag

1. Tag: Ich lese und meditiere Mt 18, 21-35. »Wie oft muss ich meinem Bruder vergeben? Reicht es sieben Mal?« Sieben Mal ist ja eigentlich schon sehr viel, aber Jesus reicht es nicht. Wir sollen sieben mal siebzig Mal vergeben, was so viel bedeutet wie unendlich oft oder immer wieder. Warum? Weil Jesus uns unendlich oft und unendlich viel vergeben hat, und weil es uns schadet, nicht zu vergeben. Das Gleichnis, das Jesus dann erzählt, hat eine eindeutige Aussage: Jesus hat jedem von uns einen Riesenberg von Schuld vergeben, einem Millionenbetrag gleich, den wir nie und nimmer abbezahlen könnten, und wir vergeben einander oft unsere kleine Schuld nicht, die nur einem kleinen Geldbetrag entspricht. Wenn wir dies aber nicht tun, geraten wir in die Hand von »Folterknechten«, die uns quälen, bis wir alles bezahlt oder selbst vergeben haben. Ich mache mir zuerst bewusst, dass Jesus mir alle meine Schuld vergeben hat, täglich neu vergibt, und was er mir alles vergeben hat und danke ihm dafür. Falls ich seine Vergebung noch nie konkret erfahren habe, wäre es eine gute Gelegenheit, einmal meine Schuld vor einem Menschen als Zeugen zu bekennen und den Zuspruch der Vergebung direkt zu hören.

---

2. Tag: Ich lese, meditiere und bete Ps 32. Verheimlichen und Verdrängen von Schuld hat Auswirkungen auf mein Leben. Ich kann sogar davon krank werden. Auf alle Fälle wird es mir innere Lebenskraft rauben, wenn ich Sünde nicht bekenne. Ich denke darüber nach, wo ich das schon erlebt und die Freude der Vergebung erfahren habe. Sofern ich zurzeit unter nicht vergebener Schuld leide, bekenne ich sie jetzt.

---

3. Tag: Ich lese und meditiere Mt 18, 21-35. Heute gehe ich die ersten beiden Schritte der Vergebung durch, die oben beschrieben sind: Ich nehme die Verletzungen zur Kenntnis, die mir zugefügt worden sind. Ich lasse Wut, Schmerz und Trauer zu.

---

4. Tag: Ich lese und meditiere Mt 18, 21-35. Heute gehe ich den nächsten Schritt, indem ich im Gebet jede einzelne Schuld vergebe, die mir ein Mensch zugefügt hat und die ich noch nicht vergeben habe. Eventuell spüre ich dabei wieder den Schmerz, den diese Schuld bei mir verursacht hat. Das ist in Ordnung so. Wenn ich schon Frieden darüber habe, ist es natürlich noch besser. Wenn ich aber weder Frieden darüber habe, und noch Schmerz spüre, vergebe ich zunächst »im Kopf«. In diesem Fall muss ich die Vergebung wahrscheinlich noch ein paar Mal wiederholen, bis sie »durch« ist.

---

5. Tag: Ich lese und meditiere Mt 18, 21-35. Heute bitte ich Jesus um Vergebung für meine Reaktionsschuld: Wo bin ich verbittert in meinem Leben, wo habe ich zugemacht, um mich zu schützen? Wo bin ich empfindlich geworden, wo habe ich mit Worten oder Taten um mich geschlagen? Wo war ich selbst nicht bereit zu vergeben? ... Und erlange hierfür seine Vergebung.

---

6. Tag: Ich lese, meditiere und bete Ps 51, 1-19 und bitte Jesus mit Hilfe dieses Psalms um Vergebung. David hat diesen Psalm gebetet, nachdem er der Schuld des Ehebruchs und Mordes überführt worden war, und hat Vergebung erlangt. So wird Gott auch mir meine Schuld vergeben, sei sie auch noch so groß.

---

7. Tag: Ich lese und meditiere Mt 18, 21-35. Ich überlege, ob Versöhnung möglich sein könnte, und halte mich dafür offen. Ich denke darüber nach, welche Möglichkeiten es dazu gäbe und bespreche sie mit meiner Vertrauensperson. Abzuraten ist davon, zum Anderen hinzugehen und ihm zu sagen, dass ich ihm all die Schuld, die er an mir begangen hat, vergeben habe. Wenn er mich nicht um Vergebung bittet, vergebe ich ihm nur im Gebet und allenfalls vor meinem/r Seelsorger/in. Denn es könnte sein, dass der andere sein Bestes gegeben hat, mich sein Verhalten aber trotzdem verletzt hat. (Das ist oftmals bei unseren Eltern der Fall.)

Notizen

5.

Alles muss uns zum Besten dienen

Ablauf

19.00 Uhr	Treffen der Gruppenleiter/innen zu Gebet, Bericht über die Austauschgruppen des letzten Abends und Vorbesprechung des Abends.
19.30 Uhr	Beginn mit einer Anbetungszeit oder gemeinsamem Singen und Stilleübung (je nach Spiritualität der Gemeinde).
20.00 Uhr	Austausch in den Kleingruppen.
21.00 Uhr	Referat zum Thema.
21.30 Uhr	Einführung in die Impulse und geistlichen Übungen für die nächste Woche.
22.00 Uhr	Schluss

Kleingruppen

Wie ging es mir mit der Alltagsübung und den Tagesimpulsen in meiner Stillen Zeit? Wie ging es mir mit dem Vergeben? Wodurch hat Jesus besonders zu mir gesprochen? Wenn es nur ein Text in der ganzen Woche war, ist es gut. Wir tauschen unsere Erfahrungen aus und diskutieren nicht darüber. Rückfragen dürfen gestellt werden. Wenn jemand nichts sagen möchte, weil seine Erfahrungen z.B. zu persönlich waren, ist es in Ordnung.

Referat

Paulus sagt in Rö 8, 28: »Wir wissen aber, dass denen, die Gott lieben, alle Dinge zum Besten dienen« (Luther-Übersetzung). Das ist eine Verheißung, an der wir uns festhalten können, wenn unser Leben anders verlaufen ist oder verläuft, als wir es uns erträumt haben. Diese Verheißung birgt die Zusage in sich, dass uns sogar alles dienen muss, auch das Schwere in unserem Leben.

Ich glaube, dass das stimmt. Nur muss ich offen dafür sein, denn es geht nicht immer so, wie ich denke, dass es laufen sollte. Dieses »zum Besten dienen« kann auch ganz anders ausfallen, als ich denke.

Eine sehr praktische Geschichte, wie etwas jemandem zum Besten gedient hat, ist die Geschichte von Josef, 1. Mose 37-50:
Josef war der Lieblingssohn seines Vaters, verwöhnt, entsprechend hochmütig und deshalb von seinen Brüdern gehasst. Irgendwann fassten sie den Entschluss, ihn zu töten. Sie konnten ihn nicht mehr ertragen wegen seines Hochmuts und seiner Arroganz. Dann milderten sie ihr Vorhaben etwas ab, warfen ihn in eine Zisterne und verkauften ihn als Sklaven nach Ägypten.

Dort erlebte er Aufstieg und Niedergang. Er war teilweise am Königshof hoch angesehen und hatte einflussreiche Stellungen, denn Gott segnete ihn, so heißt es, aber er wurde auch zu Unrecht des sexuellen Missbrauchs beschuldigt, kam zu Unrecht ins Gefängnis, wurde vergessen ... Immer wieder erlebte er Gutes, auch im Gefängnis, denn Gott war auch dort mit ihm, aber auch Schlimmes, denn er saß zu Unrecht im Gefängnis, und das über Jahre. Nachdem er zwei Gefangenen ihre Träume zutreffend auslegen konnte und den einen bat, sich für seine Freilassung einzusetzen, vergaß dieser sein Versprechen und Josef blieb weitere zwei Jahre gefangen. Erst nachdem er auch dem Pharao einen Traum auslegen konnte, weil es sich herumgesprochen hatte, dass Josef Träume deuten kann, kam er frei und erlangte dann höchste Ehren.

Josef erlebte alle Schattierungen von Ruhm, aber auch von Ungerechtigkeit und Leid, und ganz zum Schluss sagte er: »Ihr habt es böse mit mir machen wollen, Gott aber ließ Gutes daraus entstehen.« (1. Mose 50, 20)

Warum? Weil die Hungersnot seine Brüder nach Ägypten kommen ließ, Josef sie wieder traf, sich mit ihnen versöhnte und sie mit den Vorräten Ägyptens versorgte. Josef ging durch all das Leid hindurch, doch letztlich kam er zu höchstem Ansehen. Schließlich konnte er dafür sorgen, dass sein Volk nicht den Hungertod starb.

Dass es dazu kommen konnte, hatte zur Voraussetzung, dass Josef immer wieder im Sinne Gottes auf die verschiedenen Herausforderungen reagierte.

Er lässt sich nicht verführen, als die Frau seines Sklavenherrn Potifar mit ihm schlafen will. Er kommt zu Unrecht ins Gefängnis, aber er verhält sich gut im Gefängnis und ist Gott in allem treu. Er verbittert nicht an diesem Ort, sondern bekommt – heute würde man sagen, durch gute Führung – einen besonderen Auftrag im Gefängnis zugeteilt.

Nachdem er dem Pharao einen Traum ausgelegt hat, kommt er zu höchsten Ehren in Ägypten und wird durch seine Vorratshaltung in der ganzen Welt bekannt. Aber er lebte nicht in seiner Heimat. Und trotz all des Ruhmes, den er hatte, war dies bestimmt ein Schmerz in seinem Leben. Denn er liebte seinen Vater und seine Familie und war über Jahre und Jahrzehnte fern von ihnen, ohne Aussicht darauf, sie noch einmal sehen zu können.

Doch zum Schluss wurde alles gut. Es musste ihm und seiner Familie alles zum Besten dienen. Seine Brüder kamen nach Ägypten, weil es nur noch dort Getreide zu kaufen gab. Er vergab seinen Brüdern ihre Schuld. Er versorgte sie mit Nahrung, obwohl er die Macht gehabt hätte, sie abzuweisen und es ihnen zurückzuzahlen. Denn sie waren ihm ausgeliefert und er hätte genügend Gelegenheiten zur Rache gehabt. Aber er verhielt sich Gott gemäß. Schließlich sah er seinen Vater wieder und alle seine Brüder.

So gereichte es ihm und allen zum Besten. Aber es war keine leichte Zeit für ihn. Es war Gottes Charakterschule für ihn, und die war heftig. Es geschieht nicht automatisch, dass uns das Schlechte zum Besten dient. Wir müssen im Sinne Gottes damit umgehen, sprich: vergeben, wenn uns Unrecht geschehen ist, um Vergebung bitten, wenn wir selbst schuldig geworden sind. Wir dürfen nicht negativ über andere Menschen sprechen, auch nicht über die, die uns geschadet haben. Wir müssen unsere Vorstellungen, wie etwas zu laufen hat, immer wieder Gott zurückgeben. Josef hätte sich sein Leben sicher anders gewünscht und viele von uns auch, aber es kann ganz anders verlaufen und trotzdem gut sein.

Eine Geschichte aus unserer Zeit, die ich hörte:
Die Eltern einer gutbürgerlichen christlichen Familie hatten ihre beiden Töchter allein zu Hause gelassen, als sie eines Abends unterwegs waren. Als sie zurückkehrten, fanden sie die Töchter ermordet im Haus. Das war das Schrecklichste, das ihnen als Familie in ihrem Leben passieren konnte. Da die Eltern Christen waren, hatten sie nach einer Zeit der Verzweiflung und Trauer die Kraft dazu, den Mördern ihrer Töchter zu vergeben. Irgendwann konnten sie sie sogar im Gefängnis besuchen. Sie lernten sie kennen und auch ihre Lebensgeschichten. Bald darauf besuchten sie auch weitere Gefangene, weil sie sahen, dass die meisten eben auch sehr leidvolle Lebensgeschichten hatten. Schließlich wurden sie sehr engagierte Mitarbeiter in der Gefangenenseelsorge. So ist aus etwas Schrecklichem Gutes entstanden. Das Schreckliche ist in diesem Fall geblieben. Aber ich glaube, dass diese Eltern auch Heilung erlebt haben durch den Weg, den sie gehen mussten. Sie sind nicht in ihrer Trauer geblieben und verbittert. Sie sind nicht an ihrem Leben und an Gott irre geworden, sondern sie sind Jesus vermutlich durch das Ganze näher gekommen als je zuvor. Und Gott hat Großes durch sie bewirkt, das nun vielen zum Segen wird.

Ebenso könnte man von Joni Eareckson-Tada berichten, einer Frau, die im Alter von 17 Jahren durch einen Badeunfall einen Genickbruch erlitt und seitdem querschnittsgelähmt ist. Sie ist durch wahnsinnige Tiefen gegangen. Zuerst bat sie Menschen darum, für ihre Heilung zu beten, aber sie erlangte keine körperliche Heilung. Trotzdem fand sie dann Frieden. Sie hat es angenommen, wie es ist, reist nun durch die Welt und erzählt von der Liebe Gottes, die stärker ist als alles andere. Außerdem hat sie ein Behindertenwerk gegründet, mit dem sie anderen Behinderten Hoffnung vermittelt. So kann es sein, dass die Verheißung, dass uns alle Dinge zum Besten dienen müssen, nicht so in Erfüllung geht, wie wir das Beste zunächst verstehen würden. Es ist weder bei Josef so gewesen, noch bei dem genannten Ehepaar, noch bei Joni, noch wird es bei uns immer so sein, dass das »Beste« dem entspricht, was wir uns wünschen würden. Unser Leben verläuft oft anders, als wir es uns gewünscht haben. Es kann auch sein, dass das Beste der Verbreitung des Evangeliums dient, und das ist ja dann auch zum Besten, aber eben nicht für uns persönlich.

Das »zum Besten dienen« kann darin bestehen:

- Dass Jesus mich durch diese Erfahrung reifer macht. Vielleicht hätte ich ohne bestimmte Erfahrungen einfach sehr oberflächlich dahin gelebt.
- Dass ich Anderen helfen kann, dass ich z.B. Menschen mit Verlusterfahrungen helfen und sie damit zu Gott führen kann.
- Dass ich durch schwierigen Lebenserfahrungen meine Berufung finde.
- Dass ich im Leid Gottes Nähe auf eine Weise erfahre, wie nie zuvor.
- Dass ich z. B. in schwerer Krankheit eine Intensität in Beziehungen erfahre, wie sie ohne Krankheit nicht möglich gewesen wäre.
- Dass ich z.B. als Single eine besonders tiefe Beziehung zu Jesus bekomme, wie ich sie als Verheiratete/r eventuell nie bekommen hätte.

Wie kann ich die Verheißung, dass mir alles zum Besten dienen muss, ergreifen? Ein paar Tipps aus eigener Erfahrung:

- Ich bete, wenn mir etwas geschieht, das schwierig ist, etwa so: »Herr, du hast mir verheißen, dass denen, die Gott lieben, alles zum Besten dienen muss. Ich liebe dich und ich will es erleben.«Darauf verlasse ich mich.
- Ich erinnere mich an vergangene schwierige Dinge, bei denen ich es erlebt habe, dass sie mir zum Besten dienten.
- Ich nehme die schwierige Situation als Gottes Charakterschule für mich an und erkläre ihm meine Bereitschaft, durch dieses Geschehnis reifer und brauchbarer für sein Reich werden zu wollen.
- Ich bringe die herausfordernden Dinge ins Abendmahl und bete darum, dass Jesus sie nimmt und etwas Gutes daraus macht, so wie er die fünf Brote und zwei Fische genommen und damit 5000 Menschen satt gemacht hat: »Herr, nimm das alles und verwandle es in deinen Leib, sprich: in eine Gabe Gottes für die Welt, so dass meine negativen Erfahrungen noch anderen dienen können.«
- Ich willige darin ein, dass ich auf das Warum mancher Geschehnisse in meinem Leben nie eine Antwort bekommen werde, die meinen Kopf befriedigen würde, und lasse den Wunsch, es intellektuell verstehen zu wollen, los.

Dann erlebe ich das Beste. Ich sehe Gottes Spur in allem. Ich sehe, was er mir durch alles Schwierige in meinem Leben geschenkt und in mir gewirkt hat. Und ich begegne IHM. Und das ist das Beste.

Übungen und Gebetsimpulse für die 5. Woche

Leitgedanke der Woche: Ich lese und meditiere Texte, in denen es darum geht, dass mir alles zum Besten dienen muss, und ergreife diese Tatsache für mich.

Für alle Übungen gilt

Es geht nicht darum, ein Programm zu absolvieren, sondern Gott zu begegnen und dem Ziel näher zu kommen, Frieden zu schließen mit ihm und meiner Lebensgeschichte. Wenn ich durch eine Übung das Wirken Gottes besonders erlebe, verweile ich bei dieser Übung, bei diesem Text so lange, wie Gott durch ihn an mir handelt. Wenn das nur ein Text in der ganzen Woche ist, ist es in Ordnung.

1. Alltagsübung

Ich bete bei jeder Herausforderung, mit der ich tun habe, dass mir alle Dinge zum Besten dienen müssen, und gehe im Sinne Jesu mit der Herausforderung um.

2. Stille Zeit

Ich halte jeden Tag ca. eine halbe Stunde Stille Zeit (wenn ich Stille Zeit noch nicht kenne, kann ich mit einer Viertelstunde beginnen, aber ich sollte es regelmäßig tun, entsprechend meinem Maß) und bedenke dabei betend den angegebenen Text oder die gestellte Aufgabe.

3. Tagesrückblick

Ich schaue mir im Rückblick noch einmal meinen Tag an, wie er gelaufen ist, was ich mit Jesus erlebt habe. Ich bitte um Vergebung für alle Gedanken, Worte und Taten, die ihm nicht entsprochen haben und gebe ihm zurück, was nicht gut war, ich aber nicht ändern konnte. Dann danke ich ihm für das Gute, das er mir geschenkt hat.

Geistliche Impulse für jeden Tag

1. Tag: Ich lese, meditiere und bete Rö 8, 28: »Denen, die Gott lieben, werden alle Dinge zum Besten dienen«. Ich ergreife diese Verheißung, indem ich mich für das Versprochene bei Jesus bedanke und es für die Situationen und Geschehnisse bekenne, die in meinem Leben schwierig waren oder sind.

---

2. Tag: Ich lese und meditiere 1. Mose 50, 20. Auch wenn Menschen uns Böses getan haben, kann Gott es in Gutes kehren, wenn wir in seinem Sinn damit umgehen. Wie das praktisch geschehen kann, können wir in der Josefsgeschichte nachlesen. Josef wurde von seinen Brüdern an eine Gruppe Ägypter verkauft, von der Frau des Potifars zu Unrecht angeklagt, er kam zu Unrecht ins Gefängnis und wurde schließlich von einem Mitgefangenen vergessen, blieb aber bei allem Gott treu. Schließlich wurde er dazu gebraucht, seiner Familie in einer Hungersnot das Leben zu retten. In jeder Phase seines Lebens ging Josef im Sinne Gottes mit den Herausforderungen um und ließ zu, dass Gott diese Dinge dazu benutzte, seinen Charakter zu formen: 1. Mose 37-50. Heute lese ich den ersten Teil (Kapitel 37-41) und überlege, was diese Geschichte für mich zu bedeuten hat. Ich bejahe vor Gott, dass mir die Herausforderungen meines Lebens als Charakterschule dienen können. Besonders bedenkenswert sind die Namen, die Josef später seinen Kinder gibt (1. Mose 41, 51-52): Manasse und Ephraim, die sehr spezielle Bedeutungen haben.

---

3. Tag: Ich lese und meditiere 1. Mose 50, 20 und lese die Fortsetzung der Josefsgeschichte (Kapitel 42-50).

---

4. Tag: Ich lese, meditiere und bete Rö 8, 31-34. Wenn ich die Gewissheit in mir habe, die Paulus hier beschreibt, kann mir nichts und niemand etwas anhaben. Niemand kann mich verurteilen, wenn Gott mich freigesprochen hat. Wenn Gott für mich ist, sind alle, die gegen mich sind, und alles, was gegen mich ist, zweitrangig. Gott hat seinen eigenen Sohn für mich geopfert. Das ist sein größter Liebesbeweis. Wenn ich denke, dass ich seine Liebe in meinem Leben nicht sehen kann, darf ich wissen, dass Jesus sich für mich gegeben hat. Eine größere Liebe gibt es nicht, als dass jemand sein Leben für mich hingibt. Er hat mit seinem Leben das Lösegeld bezahlt, indem er sich selbst den Kidnappern gegeben hat. Das hat Jesus für mich getan, nicht gezwungenermaßen, sondern bei vollem Bewusstsein und freiwillig, um uns von unseren Kidnappern Sünde, Tod und Teufel freizukaufen. Ich nehme dies im Gebet an, indem ich Jesus dafür danke.

---

5. Tag: Ich lese, meditiere und bete Rö 8, 35-38. Jesus verheißt uns als Christen nicht ein Leben ohne Schwierigkeiten, Leiden, Ängste etc. Aber er sagt uns zu, dass seine Liebe stärker ist als alles und uns nichts, aber auch gar nichts von dieser Liebe trennen kann. Auch das nehme ich dankend an und verinnerliche es im Gebet.

---

6. Tag: Ich lese, meditiere und bete Mt 14, 15-21. Viele tausend Menschen haben Jesus zugehört, und nun haben sie nichts zu essen. Als Jesus seine Jünger auffordert, ihnen zu essen zu geben, kommen sie restlos an ihre Grenzen. Sie haben nur fünf Brote und zwei Fische. Wie sollen davon so viele satt werden? Indem sie Jesus ihr Weniges geben, vermehrt und verwandelt er ihre Brote und Fische, und jeder wird satt. Oftmals reiben wir uns sehr an unseren Grenzen und Schwächen und denken, wir könnten nichts beitragen zum Reich Gottes oder dazu, dass es in unserer Welt besser wird. Doch Jesus stört sich nicht daran, dass die Jünger so wenig haben. Indem sie es ihm geben, wird es mehr und reicht aus. Ja, sie behalten sogar noch Reste übrig. Ich bringe Jesus meine Grenzen und all das, von dem ich denke, dass ich nicht genüge, damit er es nehmen, verwandeln und vermehren kann.

---

7. Tag: Ich lese, meditiere und bete Psalm 16 und nehme dankend an, was mir dort verheißen wird.

Notizen

Röm. 8, 28

„... die nach dem Vorsatz berufen sind."

- es gibt Berufung
- es gibt Erwählung → Christ sein

(vor Grundlegung d. Welt) Christus ähnlich werden

↓ ähnlich werden dem Bild Jesu

Glaube keine menschl. Leistung

Glaube ist - Gottes Vorsehung !
- Gottes Liebe

„Gott sieht uns"

Sonderschüler habt ihr's gut, dass ihr zu uns kommt

selbst sagen Weihnachtsgeschichte!

Gott u. Allah wollen, dass die Menschen gut zueinander sind!

6.

Abschlussabend

Ablauf

18.30 Uhr	Treffen der Gruppenleiter/innen zu Gebet, Bericht über die Austauschgruppen des letzten Abends und Vorbesprechung des Abends.
19.00 Uhr	Gemeinsames Essen, zu dem jede/r etwas mitbringt.
19.30 Uhr	Beginn mit einer Anbetungszeit oder gemeinsamem Singen und Stilleübung (je nach Spiritualität der Gemeinde).
20.00 Uhr	Abschließender Austausch in den Kleingruppen: Wie ging es mir mit der Alltagsübung und den Tagesimpulsen in meiner Stillen Zeit? Wodurch hat Jesus besonders zu mir gesprochen? Wenn es nur ein Vers in der ganzen Woche war, ist es gut. Wir tauschen unsere Erfahrungen aus und diskutieren nicht darüber. Rückfragen dürfen gestellt werden. Wenn jemand nichts sagen möchte, weil seine Erfahrungen z.B. zu persönlich waren, ist es in Ordnung. Was möchte ich in der großen Gruppe erzählen?
21.00 Uhr	Wir berichten von dem, was wir während des Kurses mit Gott erlebt haben, danken ihm dafür und feiern Abendmahl (wenn möglich).
22.00 Uhr	Schluss

Eigentlich wollte ich den Kurs mit dem 6. Abend enden lassen. Doch während ich das letzte Kapitel lehrte und an Menschen dachte, die unendlich leiden, hatte ich das Empfinden, es würde noch etwas fehlen. Richtig Frieden bekommen wir erst und ausschließlich in der Nähe Gottes bzw. Jesu. Wenn wir alles loslassen und nur noch ihn suchen, haben wir alles, egal, was war und was ist. Wenn wir ihm alles überlassen, auch unsere Warum-Fragen, Zweifel und Wünsche, werden wir Frieden bekommen, der »höher ist als alle unsere Vernunft«. Um dies zu verinnerlichen, soll dieser fakultative Zusatzabend dienen.

Zusatzabend (fakultativ)

Nur Jesus genügt!
Oder: Sich in Gott bergen

Ablauf

19.00 Uhr	Treffen der Gruppenleiter/innen zu Gebet, Bericht über die Austauschgruppen des letzten Abends und Vorbesprechung des Abends.
19.30 Uhr	Beginn mit einer Anbetungszeit oder gemeinsamem Singen und Stilleübung (je nach Spiritualität der Gemeinde).
20.00 Uhr	Referat zum Thema.
20.45 Uhr	Wir lesen in Gruppen den Bericht von Sr. Stephanie oder das Interview mit Connie und Markus Kosewähr und sprechen anschließend darüber.
22.00 Uhr	Schluss

Referat

Eigentlich wollte ich den Kurs mit dem 6. Abend abschließen. Doch während dieses Abends dachte ich, es fehlt noch etwas. Richtig Frieden bekommen wir erst und ausschließlich in der Nähe Gottes bzw. Jesu. Wenn wir alles loslassen und nur noch ihn suchen, haben wir alles, egal, was war und was ist.

In Psalm 73, 25-26.28 heißt es: »Wenn ich nur dich habe, so frage ich nichts nach Himmel und Erde. Wenn mir gleich Leib und Seele verschmachtet, so bist du doch, Gott, allezeit meines Herzens Trost und mein Teil. Aber das ist meine Freude, dass ich mich zu Gott halte und meine Zuversicht setze auf Gott den Herrn, dass ich verkündige all sein Tun« (Luther-Übersetzung). Darum geht es. Und dahin will er uns führen.

Es gibt viele Dinge in unserem Leben und in unserer Welt, die wir nicht erklären können. Es gibt schreckliche Katastrophen, denen wir nicht unbedingt einen Sinn zusprechen können. Es gibt Leben, die so schlimm sind, dass man nur davor stehen bleiben und beten kann: Herr, erbarme dich!

Frühere Generationen haben oft erlebt, dass Mütter bei der Geburt ihrer Kinder starben. Sie haben auch erlebt, dass nur wenige ihrer Kinder das Erwachsenenalter erreichten. Heute sind viele Menschen von Armut, Kriegen und Naturkatastrophen heimgesucht. Das alles lässt sich nicht erklären. Jedenfalls nicht ganz. Natürlich hat es zu tun mit dem noch nicht vollendeten Reich Gottes, das mit Jesus angebrochen, aber eben noch nicht vollendet ist. Es hat zu tun mit unserer gefallenen Welt, mit dem Sündenfall, dass wir uns als ganze Menschheit von Gott entfernt haben und auf Erlösung warten. Aber warum geht es dann den einen gut und den anderen schlecht? Hier gibt es keine Erklärungen mehr und diejenigen, die welche haben, sind für die anderen, die so viel Leid erleben, oft nicht zu ertragen. Es gibt Menschen, die sagen: »Gott ist Liebe? Dass ich nicht lache. Sie kennen mein Leben nicht. Ich habe Krieg erlebt. Ich bin krank. Ich bin überfallen und beraubt worden« usw. usw., und dann kommen immer mehr Schrecklichkeiten. Und außerdem: »Schauen Sie doch mal die Welt an! Da gibt es verhungernde Kinder und Naturkatastrophen und Krankheiten und Kriege, immer wieder und an vielen Orten der Erde.« Und sie haben Recht. Woran sollen wir hier die Liebe Gottes erkennen?

Auch in der Natur sehen wir sie nicht unbedingt. Wir können zwar staunen über die schöne Natur und wie wunderbar Gott alles gemacht hat. Aber in der Natur gelten raue Gesetze, einer frisst den anderen. Es ist alles andere als friedlich in der Natur, wenn wir mal genau hinschauen. Luther und andere sprachen hier von der verborgenen Seite Gottes. Es ist nicht zu erklären, warum Hiob so viel Leid zugemutet wurde, auch wenn sein Leben danach sehr gesegnet war. Zwar wird in der Rahmengeschichte erzählt, wie es dazu kam, dass Hiob so leiden musste. Aber ist das zu verstehen? Würde ein uns liebender Vater so etwas zulassen? Nach meinem Verständnis nicht. An dieser Stelle kann ich Gott nicht verstehen, er bleibt mir verborgen. Es ist nicht zu erklären, warum die einen Menschen vor Unfällen bewahrt werden und die anderen dabei sterben müssen. Das geht nicht zusammen mit vielen unserer Predigten über die Liebe Gottes.

Wie wird in der Bibel von der Liebe Gottes gesprochen?
Erstaunlich anders, als wir es vielleicht erwarten würden. Da wird eben nicht gesagt: Schau dir die Weltgeschichte an und du wirst die Liebe Gottes entdecken, oder schau dir die Natur an und du wirst die Liebe Gottes entdecken, oder schau dir dein Leben an ... – sondern schau auf Jesus und sein Kreuz. Suche ihn und seine Nähe. Hier, so sagt Luther, finden wir den offenbaren Gott, den Gott, der sich uns gezeigt hat in Liebe.

In 1. Joh 4, 9-10 und 6-17 lesen wir:
- Gott ist Liebe.
- Die Liebe Gottes ist darin erschienen, dass er seinen Sohn in die Welt gesandt hat.
- Er hat seinen Sohn gesandt zur Versöhnung für unsere Sünden.
- Er ist der Heiland der Welt.
- Diese Liebe gibt uns Zuversicht im Gericht.
- Diese Liebe treibt die Furcht aus.

Da steht nichts davon, dass Gott Kriege beendet, nichts davon, dass es keine Krankheiten mehr gibt, nichts davon, dass es keinen Hunger auf der Welt mehr gibt. Sondern dass Gott seinen Sohn gesandt hat. Dass er der Heiland ist, dass er uns Versöhnung schenkt, Vergebung und Rettung.

Genauso lesen wir in Joh 3, 16:
»Also hat Gott die Welt geliebt, dass er seinen einzigen Sohn gab, damit alle, die an ihn glauben, nicht verloren werden, sondern das ewige Leben haben.« Wenn wir also die Liebe Gottes eindeutig sehen wollen, müssen wir zu Jesus schauen, auf sein Kommen und vor allen Dingen auf sein Sterben. Hier ist die Liebe Gottes zu sehen. Woanders sehen wir sie nur sehr gebrochen und letztlich nur deshalb, weil wir ihn schon kennen. Aber erst dann, wenn wir ihn kennen, werden wir ihn überall finden können.

Seine Liebe erkennen wir daran,
dass Jesus gekommen ist, mitten in unser Elend,
dass und wie er unter uns gelebt hat,
dass und wie er gestorben ist für uns,
dass er auferstanden ist,
dass er eine Beziehung zu uns will,
dass er uns mit Gott versöhnt hat,
dass er in uns leben will,
dass er bei uns ist,
dass er uns berührt durch seine Gegenwart.

Und diese Liebe ist erfahrbar,
- indem wir uns öffnen für das Kommen Jesu in unsere eigene kleine Welt und in all das, was uns freut und Not macht, in all das, worin wir leiden.
- indem wir uns identifizieren mit denen, denen Jesus auf dieser Erde begegnet ist. So wie er mit den betreffenden Menschen umgegangen ist, geht er auch mit uns um. Und da werden wir viel von seiner Wertschätzung und Liebe spüren.
- indem wir seinen Tod als für uns geschehen annehmen und seine Gegenwart glauben, denn er ist auferstanden.

Dann wird diese Liebe unser Leben berühren, es verändern und durch uns hindurch fließen. Denn seine Liebe wirkt.

Wir können sie auch ablehnen und sagen: »Nein, solange es noch Kriege gibt und Gott sie nicht beendet, kann und will ich ihm seine Liebe nicht glauben. Das stimmt doch alles nicht mit dem Reden von der Liebe Gottes. Das glaube ich nicht.« Wir können gleichgültig sein gegenüber seiner Liebe und sagen: »Das ist mir alles egal. Es betrifft mich nicht.« Da er uns liebt, respektiert er unsere Entscheidung. Das ist ein Aspekt seiner Liebe. Er liebt uns trotzdem. Trotzdem ist er für uns gekommen, trotzdem ist er für uns gestorben.

Diese Liebe aber ermöglicht es, dass Menschen, die sehr viel durchgemacht haben und schlechte Lebensbedingungen haben, oft mehr Frieden in ihrem Leben und mit Gott haben als die, denen es äußerlich gut geht.

Sie wissen im Tiefsten: Gottes Liebe finde ich am Kreuz Jesu und nur dort. Zum Schluss zählt nur noch seine Liebe, die Gemeinschaft mit ihm und seine Gegenwart. Er vermag uns alles zu geben, was wir brauchen, um auch Schlimmstes durchzustehen.

Der katholische Theologe Karl Rahner sagt: »Die Unbegreiflichkeit des Leides ist ein Stück der Unbegreiflichkeit Gottes«. Immer wenn wir zu glatt von Gott reden, verletzen wir die Menschen, die am Leid zerbrechen. Letztlich bleibt Gott genauso unbegreiflich wie das Leid. Indem ich mich aber dem unbegreiflichen Gott anvertraue, ohne dass ich ihn verstehe, geht mir irgendwann der andere Gott auf, der mich mit seiner unbegreiflichen Liebe liebt.

Jesus selbst hat nichts über das Warum und Wozu des Leidens gesagt. Seine Antwort hat er durch sein Leiden und Sterben am Kreuz und durch seine Auferstehung gegeben. Seine Antwort ist existenziell. Er hat das Leiden selbst durchlebt und dadurch dem Leiden einen neuen Sinn gegeben. Er hat es überwunden in seiner Auferstehung und wird es endgültig überwinden bei seiner Wiederkunft. Viele Menschen in Leid und Trauer spüren genau hier die Solidarität Gottes mit ihnen in ihrem Leid.

Jesu hing am Kreuz und schrie: »Mein Gott, mein Gott, warum hast du mich verlassen?« (Mt. 27, 46). Jesus schreit in seiner Verlassenheit nach seinem Vater im Himmel und lädt uns ein, unsere eigene Gottverlassenheit nicht zu überspringen, sondern ihn darin zu suchen. »Mein Gott, mein Gott, warum hast du mich verlassen?« Mit diesem Schrei des Leidens beendet Jesus sein Leben hier auf dieser Erde. Er ist verlassen von denen, die ihn einmal zum König machen wollten, als er das Brot vermehrt hatte. Er ist verlassen von denen, die er einmal geheilt hatte. Er ist verlassen von denen, die ihm vor drei Tagen zugejubelt haben, als er nach Jerusalem eingeritten ist. Er ist verlassen von seinen engsten Freunden, den Jüngern, mit denen er drei Jahre lang alles geteilt hat. Er ist verlassen sogar von seinem Vater im Himmel, mit dem er von Ewigkeit her verbunden war, mit dem er immer über alles gesprochen hat, der ihn immer und überallhin begleitet hat, mit dem er eins war und eins ist.

»Mein Gott, mein Gott, warum hast du mich verlassen?« Das ist der 2. Vers aus Psalm 22, dem Psalm, den einer in größter Not und Gottverlassenheit gebetet hat, in einer Situation von Ungerechtigkeit und Verzweiflung, in einer Situation von Verachtung und unmenschlichem Leiden. Jesus kannte diesen Psalm auswendig. Er wurde im Gottesdienst gebetet. Er hatte ihn schon als kleiner Junge gelernt. Es ist der Psalm eines zu Unrecht leidenden Menschen. Jesus betet ihn, weil er verlassen ist, und er betet ihn, weil er damit solidarisch wird mit all den Tausenden von Leidenden in dieser Welt. Er erleidet unser Leid, er erleidet das Leid derer, die nicht mehr können vor Leid. Er erleidet das Leid derer, die an ihrem Leid irre geworden sind und sich von Gott verlassen fühlen. Das ist seine Antwort auf das Leid der Welt. Er ist hineingegangen. Er hat es auf sich genommen. Er hat es getragen. Nicht so, dass wir nicht mehr leiden müssten, aber so, dass wir ihn mitten im Leid finden können. Dass er uns mitten im Leid begegnen möchte. Natürlich gibt es auch noch eine andere Antwort Jesu auf das Leid: Die, dass Jesus die Kranken heilt, die Gebundenen befreit und die Toten auferweckt (Lk 4, 18-19; Mt 8-10 und viele andere Stellen), dass er das Leid also beseitigt. Und er hat tatsächlich keinen kranken Menschen, der ihn um Heilung bat, krank wieder weggeschickt, sondern hat sie alle geheilt (Mt 8, 16-17). Und er beauftragt uns als seine Jünger dasselbe zu tun (Mt 10, 7-8; Joh 20, 21 und viele andere Stellen). Trotzdem gab es auch damals noch Leid in Israel, das er nicht beseitigt hat und unter dem Menschen litten. Sie litten unter der Willkürherrschaft der Römer, sie litten vermutlich auch unter dem frühen Sterben einiger ihrer Kinder oder deren Müttern bei der Geburt, unter Arbeitslosigkeit und Beziehungsproblemen. Seine Heilungen sind Zeichen seines angebrochenen Reiches, in dem es einmal keine Krankheiten, Schmerzen und keinen Tod mehr geben wird (Offb 21, 4), damals wie heute. Wir dürfen damit rechnen, dass er diese Zeichen unter uns tut, aber er ist souverän. Und wenn wir uns nur auf Heilung fixieren, werden wir ihn und seine Nähe im Leid eventuell verpassen. Und dass er uns eine Perspektive der Hoffnung gibt. Deshalb können wir ihn finden mitten in unserem Leid. Denn er ist uns nah darin und möchte uns seine Gegenwart und Nähe schenken. Deshalb können wir uns der Wut, der Verzweiflung und dem abgrundtiefen Schmerz von Leidenden stellen und die Unbegreiflichkeit ihres Leidens mit ihnen aushalten. Vielleicht finden wir nach langem Schweigen behutsam Worte, die unsere eigene Betroffenheit und Hilflosigkeit anzeigen, aber auch die Bereitschaft, mit den Betroffenen zu gehen und auszuhalten.

Jesus ist in der tiefsten Tiefe zu finden.

Da ich selbst in meinem Leben bisher vor sehr großem Leid bewahrt worden bin, möchte ich an dieser Stelle zwei Menschen zu Wort kommen lassen, die sehr krank geworden sind und in der Krankheit Gottes Liebe erfahren haben: Sr. Stephanie Zurbrügg und Connie Kosewähr. Sr. Stephanie Zurbrügg hat nach großen Qualen eine überraschende Heilung erlebt und Connie Kosewähr ist nach einer Krebserkrankung im Frieden Gottes gestorben.

Sr. Stephanie: Das Wunder meines Lebens

Im Oktober 2008 wurde bei mir Speiseröhrenkrebs in fortgeschrittenem Stadium festgestellt. Nach vielen Untersuchungen und Vorbereitungen, wie Port legen und einem Nahrungszugang von der Bauchdecke in den Dünndarm, wurde ich Anfang Dezember in einem großen Chemnitzer Krankenhaus stationär aufgenommen. Geplant war eine Chemotherapie in Verbindung mit Bestrahlung. Doch schon am zweiten Tag musste die Chemotherapie abgesetzt werden, da ich sie absolut nicht vertrug und stark erbrechen musste (sogar Blut). Die Bestrahlung dauerte sechs Wochen, eine Woche stationär und dann ambulant. Ich kam damit relativ gut zurecht.

Mein innerer Weg in dieser Zeit war geprägt von Höhen und Tiefen. Erstmal überwogen die Tiefen: Jeden Tag von morgens bis abends nur an mich zu denken, die Mühen von Untersuchungen und Behandlungen über mich ergehen zu lassen, und dazu die Schmerzen, die Qual und die Anstrengung, pürierte Kost in kleinen Portionen hinunterzuschlucken zu müssen. Sogar das Trinken erforderte jegliche Konzentration. Mein Umfeld jedoch war sehr gut. Meine Schwestern und Brüder in der Jesus-Bruderschaft wie auch meine leiblichen Geschwister in der Schweiz waren mir eine große Ermutigung. Auch darüber hinaus haben viele Menschen für mich gebetet.

Indem meine Schwestern die Komplet (das Gebet zur Nacht) Abend für Abend an meinem Bett beteten, versuchte ich mich bei den Sätzen »Vater, in deine Hände befehle ich meinen Geist ...« dem Gott meines Lebens und Todes anzubefehlen. Obwohl mein körperlicher Zustand immer schlechter wurde, erwachte ich nachts oft mit einem Loblied oder einem Trostwort im Herzen. Eine große mir unfassbare Geborgenheit! Waren es die Gebete der Menschen? War es vor allem Gottes große Barmherzigkeit? Wohl beides, gehöre ich doch nicht zu den Menschen, die alles einfach gelassen annehmen.

Eines Abends bedrängte mich die Frage: »Wie lange dauert es noch, bis ich sterbe? Wochen, Monate? Wie werde ich die Schmerzen, das Sterben ‚verkraften'?« In dieser Nacht hatte ich einen Traum. Ich sah einen hell erleuchteten Saal mit goldenen Engeln, die den Weg rechts und links säumten. Ich wusste: Das ist der Himmelssaal. Die Schönheit dieses Saales war unbeschreiblich! Ab dieser Nacht war jegliche Angst vor dem Sterben weg!

Eines Tages geschah noch die Versöhnung mit einer meiner Mitschwestern, mit der ich es bis dahin schwer hatte, ein starkes Erleben von Freude und Frieden!

Nach den sechs Wochen Bestrahlungstherapie wurde nochmals eine Speiseröhren- und Magenspiegelung durchgeführt mit dem niederschmetternden Ergebnis, dass der Tumor während und trotz der Behandlung weiter gewachsen war und seine Ausläufer sich bis in Aorten- und Pleura-Nähe ausgedehnt hatten. Ein Schock: Alle Mühe war vergebens gewesen! Auch konnte ich immer schlechter schlucken, und meine Kräfte nahmen immer weiter ab. Ich begann, mit meinen Schwestern meine Beerdigung zu besprechen, meine Papiere und Fotos zu ordnen, meinen Lebenslauf für das Begräbnis zu schreiben …

Drei Wochen nach dieser erschütternden Nachricht waren wir als Schwestern alle in Gnadenthal zu einem für uns üblichen Treffen zusammen. Eines Morgens, arm und hilflos, wie wir waren, beteten die Schwestern in Einmütigkeit für mich. Auch schon davor war öfter im kleinen Kreis für mich gebetet worden. Das war immer eine Stärkung. Doch dieses Mal war es mir, als ob ein Engel mit sanfter Hand meine Speiseröhre salben und diesen großen Krebsherd entfernen würde. Beim Mittagessen, zwei Stunden danach, konnte ich es kaum fassen: Ich aß und schluckte *ohne* Schmerzen! Tagelang staunte ich, essen zu können ohne zu würgen, ohne mich auf das langsame, vorsichtige Essen konzentrieren zu müssen. Alles rutschte mühelos: Salat, Obst usw. Jede Mahlzeit ein Fest! Ein neues Lebensgefühl, Appetit zu haben, essen zu dürfen, nicht mehr zu müssen. Einfach unfassbar! Diese Freude konnte ich mit all denen teilen, die um mein Leben gebangt hatten. Für uns alle war das eine Glaubensstärkung!

Nach der Zeit der Krankheit empfand ich die so plötzliche Heilung wie einen heiligen »Überfall«. Ich merkte, meine Seele brauchte Zeit, mit dem neu geschenkten Leben zurechtzukommen. Ich war ja bereit gewesen zu sterben. Nicht um jeden Preis wollte ich gesund werden. Ich wollte diese dicht erlebte Nähe Gottes während der Krankheitszeit nicht mehr missen. Auch musste ich es lernen, die Mühen des Lebens wieder auf mich zu nehmen, wieder Entscheidungen zu treffen, vieles wieder als wichtig anzusehen, was in der Todesnähe unwesentlich geworden war. Das strengte mich sehr an! Auch musste ich es lernen zu akzeptieren, dass das starke Spüren der Liebe Gottes nicht mehr so unmittelbar war wie vorher. Nun ließen natürlicherweise auch die Nachfrage, die Betreuung, die Besuche, die Blumengrüße von Menschen nach! Eine Auszeit von zwei Monaten in einer befreundeten Kommunität half mir, das Leben neu als Geschenk zu sehen und anzunehmen.

Drei Wünsche, die ich hatte, sind mir erfüllt worden: Erstens: Skifahren! Nachdem ich das schlechte Bestrahlungsergebnis erfahren hatte und dieser

Wunsch zur Sprache kam, sagte der Arzt: »Fahren Sie nochmals in die Schweiz!«, mit dem Unterton: zur Verabschiedung von meinen dort lebenden Angehörigen (ich bin Schweizerin). Zwei Wochen nach meiner Heilung war ich in der Schweiz zusammen mit meinen Geschwistern aktiv auf der Skipiste! Zweitens: Als Schwesternschaft hatten wir den Wunsch nach mehr Konzentration, auch räumlich, um die kleine Schwesterngruppe in Gnadenthal zu unterstützen. Das bedeutete den Umzug von uns drei, bis dahin in Hennersdorf/Sachsen lebenden Schwestern nach Gnadenthal. Ich sehnte mich danach, selbst mit beteiligt zu sein, was auch geschehen ist! Drittens: Für 2009 war für uns Schwestern eine Retraite in Israel geplant. Auch da durfte ich dabei sein!

Eine Frage beschäftigte mich sehr: »Wozu, Gott, hast du mich geheilt?« Heute empfinde ich als Antwort: Dass ich lebe, ist ein Hinweis auf Gottes Größe und Barmherzigkeit! Durch mein Erleben der Nähe Gottes in meiner Krankheitszeit ist es mein Wunsch, alle, die schwer krank sind, zu ermutigen, ihr Leben oder Sterben in Gottes gute Hände loszulassen. Ich habe den Glauben gewonnen, dass Krankheit nicht weniger als Gesundheit zum Segen werden kann, besonders im Sinn einer tieferen Gottesbeziehung. Durch den mir geschenkten Traum (s.o.) habe ich einen größeren Bezug zur Ewigkeit bekommen, zum ewigen Leben in Christus. Dass wir alle durch Christus freien Zugang haben zu Gott, dem Ewigen und Barmherzigen, das ist meine bleibende Freude und Gewissheit in Krankheit und in Gesundheit. Diese Wirklichkeit möchte ich bezeugen.

Schwester Stephanie Zurbrügg (Jesusbruderschaft Gnadenthal)

Connie Kosewähr: Im Angesicht des Todes

Connie war nicht nur an Krebs erkrankt, sondern hatte auch eine starke Sehbehinderung, mit der sie leben musste. Zudem ist einer ihrer Söhne blind, weil er die Sehbehinderung geerbt hat. Die Gemeinde hat viel für Connie gebetet, sie hat auch immer wieder leichte Besserungen erlebt. Doch einen Monat nach diesem Interview ist Connie gestorben – im Frieden. Connie und Markus sind mir ein großes Vorbild darin, wie sie einerseits an Heilung geglaubt, sich aber dennoch auf den Tod vorbereitet haben. Das Interview führte Martin Bühlmann im Februar 2009 im Rahmen eines Gemeindegottesdienstes der Vineyard Bern.

Connie, du bist am Sterben. Was wird laut den Ärzten in den nächsten Wochen oder Monaten geschehen?
Das ist vom Zeitraum her schwierig zu sagen. Ob Tage, Wochen, Monate, das kann mir kein Arzt sagen. Aber Leberkrebs ist eine – wenn man das so sagen kann – recht schöne Art zu sterben. Der Körper wird immer mehr vergiftet, so dass man immer müder wird. Es ist also wahrscheinlich kein so schlimmes Sterben. Auf der anderen Seite ist Sterben Sterben. Ich weiß es ja noch nicht, wie es wird, aber es wird so sein, dass ich einfach immer müder werde, was ich jetzt schon recht stark bin, dass ich sehr reduzierte Kräfte habe.

Wir sprechen vom Tod. Du bist eigentlich noch jung, wirst dieses Jahr 49. Hast du keine Angst?
Ich hatte eigentlich nie Angst vor dem Tod, aber wenn man sich nicht damit beschäftigt, hat man ja auch keine Angst davor. Jetzt ist meine Krebsdiagnose schon gut zwei Jahre her. Da habe ich mir natürlich immer wieder Gedanken gemacht, und so wächst man in dieses Denken hinein. Heute kann ich wirklich sagen, dass ich gar keine Angst vor dem Sterben habe, weil ich weiß: Es ist ein Übergang in eine viel bessere Welt, in eine Welt, in der ich Jesus sehen werde. Ich muss da nichts machen, das wird einfach so geschehen, ich kann mich da gut so hineingeben. Von daher merke ich: Nein, Angst habe ich wirklich nicht vor dem Sterben.

Aber du bildest dir das vielleicht ja nur ein?
Ja, wer weiß das? Letztlich ist diese Frage immer eine Frage des Glaubens.

Und dieser Glaube an Jesus nimmt dir die Angst?
Ja, ich habe große Ruhe und Frieden, weil ich weiß, es wird so sein, wie es in der Offenbarung steht, dass Gott alle Tränen abwischen wird. Er wird jeden Schmerz nehmen, jeden Kummer. Jeder Mensch möchte unbeschwert und

glücklich sein. Man möchte erlöst sein und befreit. Und das ist doch eigentlich die Erfüllung dieses Traums.

Im ersten Kapitel des Philipperbriefes spricht Paulus davon, dass Gott im Angesicht des Todes da ist: »Ich bin hin und her geworfen zwischen diesen zweien. Ich wünsche mir abzuscheiden und bei Christus zu sein, welches für mich viel besser ist, aber es ist notwendig für mich, dass ich bei euch bin in diesem Leib.« In Vers 21 sagt er: »Denn mein Leben ist Christus, und Sterben ist mein Gewinn«. Was löst diese Schriftstelle bei dir aus?

Ich liebe sie, denn sie spricht sehr konkret das aus, was ich empfinde. Es ist wirklich dieses Verlangen, wenn ich mir die Gegenwart vorstelle, die wir suchen, diese Gegenwart Gottes hier im Gottesdienst, wo wir zwischendurch so etwas wie einen Vorgeschmack davon kriegen, wie Gottes Herrlichkeit ist. Das ungetrübt, ohne Schleier und ohne irgendwelche Abstriche zu erleben, das ist doch das Unglaublichste! Einfach in Gottes Gegenwart zu sein und ihn anbeten zu können ohne irgendwelche Hindernisse. Ja, das ist die Erfüllung. Das ersehne ich mir sehr und von daher würde ich wirklich, wie Paulus sagt, am liebsten abscheiden, um bei ihm zu sein. Auf der anderen Seite hast du gesagt, ich sei noch nicht so alt, ich hätte noch ganz vieles vor, ich hätte noch viele Ideen und Visionen. Von daher möchte ich am liebsten hier bleiben, so wie Paulus auch. Er hat auch noch eine Aufgabe gesehen.

Du siehst schlecht. Wenn du diesen neuen Körper bekommst, gehst du davon aus, dass du dann gut sehen kannst?

Das nehme ich schwer an, ja. So wie du und vielleicht noch besser.

Paulus sagt etwas später: »Ich möchte aber wegen euch hierbleiben.« Er hat noch Träume gehabt: Paulus möchte sehen, wie sich die ganze Welt diesem Christus unterwirft, das Geheimnis der Gemeinde erkennt und Jesus Christus erlebt. Hast du noch Träume im Angesicht des Todes?

Ja, sicher! Mein Lebenswille ist in diesem Sinn nicht gebrochen, nur weil mein Körper am Sterben ist. Ich hätte sehr große Visionen. Ich habe Wünsche, wenn ich merke, dass Gott uns in den letzten Jahren in verschiedene Dinge hineingeführt hat, bei denen ich das Gefühl habe, ich habe noch lange nicht alles gesehen. Und es ist nicht alles in Erfüllung gegangen, von dem ich denke, dass er es uns verheißen hat. Von daher wünsche ich mir natürlich sehr, dass ich noch hierbleiben kann.

Verstehe ich dich richtig? Auf der einen Seite sagst du, ich bin bereit zu gehen, und auf der anderen Seite sagst du, ich bin bereit zu bleiben. Das löst doch Spannungen aus, oder?
Ja, das ist eine Spannung und die kann man nicht auflösen. Ich habe keine Macht darüber zu entscheiden, was geschehen wird. Es ist in Gottes Hand und ich kann es so annehmen. Insofern ist es für mich keine Spannung, weil ich darüber Frieden habe. Aber letztlich ist es natürlich so, dass diese Frage ungelöst bleibt bis zu dem Moment, in dem sie entschieden ist.

Bist du da nicht wütend auf Gott oder unzufrieden? Es gibt Menschen, denen fällt alles in den Schoß, und du bist einäugig, hast eine Tunnelvision (eingeschränktes Blickfeld), und jetzt stirbst du noch. Ist das nicht ungerecht?
Gott hat mich schon lange davor bewahrt, bitter zu werden. Ich muss mich nicht auflehnen. Das ist etwas, das sich irgendwie schon ganz früh in meinem Leben entwickelt hat. Vielleicht habe ich auch ein besonders sonniges Gemüt. Ich weiß es auch nicht, Gott hat mich jedenfalls immer gesegnet.

Wir haben vor vielen Jahren einmal gemeinsam Silvester gefeiert, du hast mit unseren Kindern getobt und gespielt. Ein Junge war etwas wild und du batest ihn, aufzuhören. Aber er hörte nicht, und dann machte es peng und du bekamst einen Schlag in dein Auge und hast dein gutes Auge verloren. Das war doch sicher schlimm, oder?
Lustig was das sicher nicht. Es hat mein Leben ziemlich auf dem Kopf gestellt, weil ich davon ausgehen musste, dass ich blind leben müsste. Aber irgendwie hat es sich in der Folge, auch mit einer Grauen-Star-Operation zusammen, ergeben – ich weiß nicht, wie viel Gott dazu getan hat, was medizinisch vielleicht gar nicht erklärbar ist und was niemand genau weiß –, dass ich wieder so sehen konnte, dass ich seit 30 Jahren ganz gut lebe.

Du bist nie bitter gewesen, hast auch nie Vorwürfe gemacht. Entweder bist du eine positive Träumerin, die von der Realität enthoben irgendwo auf Wolke sieben sitzt, oder du hast etwas entdeckt, was für uns wichtig ist.
Das hat natürlich eine lange Geschichte. Ich bin ja von Geburt an sehbehindert und musste mit anderen Situationen leben als die meisten Kinder und Jugendlichen. Ich hab schon mit 17 Jahren meine erste Netzhautablösung gehabt, und das hat damals schon sehr viel in mir bewegt. Ich glaube, ich habe ein großes Schlüsselerlebnis gehabt mit 17, als ich wirklich begriffen habe, dass ALLES, was geschieht, zu meinem Besten dient. Und irgendwie hat mir

Gottes Gnade, und das hört sich vielleicht fromm an, aber Gottes Gnade hat es mir geschenkt, dass ich das wirklich tief in meinem Herzen begriffen habe. Ich muss nicht kämpfen um Dinge in meinem Leben, sondern ich kann davon ausgehen, dass Gott das Beste für mich will. Ganz gleich, was es ist, auch wenn es Schwierigkeiten sind, denn Menschen mit Erfolg sind nicht glücklich. Letztlich sind die Veränderung und die Vertiefung, das mehr in Gottes Dimensionen Hineinwachsen, nur möglich, wenn wir unter Druck sind. Und das, glaube ich, habe ich schon damals erkannt. Das hat mein Leben schon in diesen jungen Jahren so stark geprägt, dass es wahrscheinlich bis heute hingehalten hat.

Vielleicht glaubst du ja zuwenig? Wenn du genügend glauben würdest, wärst du geheilt. Diesen Satz hast du bestimmt schon mal gehört.
Das ist Gottes Sache. Der Gelähmte hat ja überhaupt nicht geglaubt. Seine Freunde haben für ihn geglaubt. Andere haben geglaubt und Jesus hat gesagt: »Dein Glaube hat dir geholfen«. Das ist sehr unberechenbar, und der Glaube ist keine Leistung, er ist ein Geschenk.

Markus, du hörst deiner Frau zu. Was löst das in dir aus?
Zunächst auf jeden Fall riesigen Stolz. Ich denke, für mich ist es ein Privileg, mit Connie unterwegs zu sein über all die Jahre hinweg. Zu sehen, dass wir so unterschiedlich sind. Connie ist diese Positive, dieser Sonnenschein, und ich trage eher das Schwere in mir, und zusammen tragen wir diese Situation. Zweitens ist es für mich immer spannend zu sehen, wie Wellenbewegungen darin sind. Wir sehen viele Hochs, aber es sind auch Tiefs dabei. Und die gehören dazu, und zwar auf beiden Seiten. Bei jedem Erlebnis, das wir hatten, gab es Zeiten, in denen Fragen kamen: »Ja, was bedeutet das jetzt, wie gehe ich damit um?« Ich glaube, das Geschenk, von dem Connie gesprochen hat, ist dieses unverfälschte Gottvertrauen: Gott macht es gut. Das ist es, was uns wirklich hilft, was uns trägt, was uns durch diese Zeit hindurch trägt. Dass wir wissen: Egal, was passiert, es wird gut sein. Jeder Weg, den Gott mit uns geht, ist ein guter Weg.

Kannst du zu diesem Satz von Paulus noch etwas sagen: »Lebe ich, so lebe ich dem Herrn, sterbe ich, so sterbe ich dem Herrn, so ob ich lebe oder sterbe, bin ich des Herrn«.
Ich denke, das, was wir mit Connie erleben, ist ein sichtbarer Ausdruck davon. Zu wissen, unser Leben hat ein Ende. In der Minute, wo wir auf die Welt kommen, ist der Tod in unserem Leben drin. Wir gehen normalerweise davon aus, das geht 80 oder 90 Jahre, bis es dann passiert, aber eigentlich ist es nicht

so. Gott hat irgendwo in seinem großen Plan gesagt: So viele Tage werden es sein. Und bei einem sind das zwei Stunden, beim anderen sind das zehn Jahre, beim dritten sind es 40 Jahre, beim nächsten sind es 120 Jahre. Wir wissen es nicht, es gehört dazu. Und ich glaube, das zu umarmen, dass wir nicht nur leben, sondern dass unser Ende auch ein Teil ist von Gottes Verherrlichung, dieses anzunehmen und zu umarmen, das gibt uns den Frieden, der dann auch sagen kann: »Tod, wo ist dein Stachel?«

Connie, wie gehst du damit um, dass du Abschied nehmen musst von deiner Familie?

Das ist etwas, worunter ich ganz zu Beginn meiner Krebsdiagnose stark gelitten habe. Ich habe gesagt: »Jesus, das kannst du nicht machen, mein jüngster Sohn braucht mich doch noch, der ist erst 13 und das geht nicht! Ich muss einfach noch hierbleiben«. Ich habe gemerkt, dass da etwas in meinem Hirn ist, das sehr verständlich ist. Wir Menschen haben das Gefühl, es braucht uns. Es braucht uns ja auch. Gott hat mich als Frau geschaffen und hat mir einen Ehemann und Kinder gegeben, damit ich meine Aufgabe auch als Frau und Mutter wahrnehmen kann. Aber ich habe gemerkt, dass ich umdenken musste in dem Bewusstsein: Meine Aufgabe ist so lange hier, wie Gott mich hier hingestellt hat. Und letztlich kann ich die Bedürfnisse meiner Familie nie erfüllen. Ich kann einfach geben, was ich kann, so schlecht und recht und vielleicht so gut, wie es geht, aber letztlich ist Jesus der gute Hirte. Er ist derjenige, der gesagt hat: »Ich kümmere mich um meine Schafe. Ich weide sie und führe sie auf grüne Auen«. Das hat schon ganz zu Beginn dieser Zeit und in der letzten Zeit, als es wirklich ernst geworden ist, sehr stark zu mir gesprochen. So konnte ich das abgeben, bei Gott deponieren und sagen: »Ich muss nicht etwas machen, was ich gar nicht kann. Du bist der gute Hirte. Und wenn ich nicht mehr da bin, wirst du dich um meinen Mann kümmern, um meine Söhne, um die Menschen um mich herum, meine Familie«. Und Er ist es, der dies wirklich auch macht, und das hat in mir einen großen Trost und eine große Ruhe bewirkt.

Was ist euch für uns als Gemeinde wichtig?

Connie: Für mich war es eigentlich immer ein großes Bedürfnis, dass Gott etwas durch mein Leben tut. Und als ich diese Krankheitsdiagnose bekam, habe ich gesagt: »Also, wenn du mir schon so eine Krankheit zutraust, dann möchte ich, dass du dich verherrlichst dadurch«. Ich habe nun gemerkt, wie in diesen letzten zwei Jahren viele Menschen berührt worden sind, was eigentlich menschlich nicht verständlich ist. Denn wenn jemand eine tödliche Krankheit hat, warum sollen andere Menschen dadurch gesegnet werden? Aber offenbar hat Gott mich gebraucht, um einen Segen in der Gemeinde bei einzelnen Menschen zu bewirken. Was ich mir sehr wünsche, ist, dass es nicht nur einfach ein Berührtsein ist, wenn die Menschen etwa sagen: »Ja, ich finde es speziell, wie du mit dieser Situation umgehst, und ich bewundere das, du bist ein Vorbild«. Sondern, dass es etwas bei ihnen auslöst, das ihnen hilft, mit Schwierigkeiten umzugehen und dass sie dadurch wissen, Gott macht es gut und kann sich dadurch verherrlichen.

Markus: Ich kann mich dem eigentlich nur anschließen. Das, was wir in den letzten zwei Jahren erlebt haben, ist so reich, so tief, ich möchte das gar nicht missen. Ich habe im Jahr vor der Krebsdiagnose immer wieder gesagt: »Ich bin je länger je mehr davon überzeugt, dass jeder Weg, den Gott mit uns geht, ein guter Weg ist.« Als dann diese Diagnose kam, war es so wie ein Gesicht, das aufgestanden ist und gesagt hat: »Und jetzt? Glaubst du das jetzt wirklich noch?« Es brauchte ein paar Tage, in denen ich das gedanklich durcharbeiten musste, und ich kam zu dem Schluss: »Ja, das ist so«. Zu erleben, wie Gott uns als Familie näher zueinander geführt hat, zu erleben, wie wir als einzelne Personen in einen Frieden, eine Ruhe hineingekommen sind, so etwas wünsche ich mir auch für uns als Gemeinde. Zu sehen, wie wir Gemeinde erlebt haben, Familie erlebt haben. Auf der ganzen Welt gibt es Menschen, die für uns jeden Tag beten, und ich würde fast behaupten, wir haben ein 24-Stunden-Gebet. Das ist Gemeinde. Wir fühlen uns getragen. Wir haben nicht das Gefühl, in ein Loch zu fallen oder in unserer Situation allein zu stehen, sondern da sind Hunderte von Menschen, die uns tragen. Und was gibt es für einen besseren, schöneren Ausdruck von Gemeinde überhaupt? Das wünsche ich mir nicht nur für uns, sondern für all die Menschen, die irgendwo am Rand stehen, die sich danach sehnen, in so eine Gemeinde oder Familie hineinzukommen. Dass wir das als Familie leben, das ist mein Wunsch.

Das Interview wurde für den Abdruck gekürzt und bearbeitet. Die vollständige Fassung ist auf CD erhältlich, die über die GGE-Geschäftsstelle bestellt werden kann. Sie enthält weitere geistliche Impulse von Martin Bühlmann und große Hilfen dafür, wie wir als Gemeinde weise mit Krankheit und Tod umgehen können.

Übungen und Gebetsimpulse

Leitgedanke der Zusatzwoche: Ich berge mich in Jesus und lasse alle meine Fragen los.

Für die Übungen gilt

In dieser letzten Woche gibt es nur eine neue Übung, denn ich möchte einige Impulse der letzten Wochen noch einmal aufnehmen, damit sie sich vertiefen. Noch mehr als vorher gilt in dieser Woche: Bleiben Sie bei dem Impuls, der Sie besonders anrührt. Wenn es nur ein einziger in dieser Woche ist, ist es in Ordnung.

1. Alltagsübung

Ich versuche, nah bei Jesus zu bleiben und egal was passiert, ihn zu suchen. Wenn etwas nicht nach meinen Vorstellungen geht, lasse ich los und übergebe es ihm.

2. Stille Zeit

Ich halte jeden Tag Stille Zeit und bedenke dabei betend den angegebenen Text oder die gestellte Aufgabe.

3. Tagesrückblick

Ich schaue mir im Rückblick noch einmal meinen Tag an, wie er gelaufen ist, was ich mit Jesus erlebt habe. Ich bitte um Vergebung für alle Gedanken, Worte und Taten, die ihm nicht entsprochen haben, und gebe ihm zurück, was nicht gut war, ich aber nicht ändern konnte. Dann danke ich ihm für das Gute, das er mir geschenkt hat.

Geistliche Impulse für jeden Tag

1. Tag: Ich begebe mich noch einmal zum Altar des Schutzmantelchristus (siehe S. 99) Jesus breitet seine Arme über mehrere trauernde Menschen aus, die sich ihm nähern und vor ihm verweilen. Ich betrachte dieses Bild und schaue, mit welcher der abgebildeten Personen ich mich am meisten identifizieren kann. Ich versetze mich im Gebet in diese Person hinein, komme mit Jesus ins Gespräch und lasse mich von ihm trösten.

---

2. Tag: Ich lese, meditiere und bete Ps 73. Der Psalmbeter hätte fast seinen Glauben an Gott aufgegeben, weil er wahrgenommen hat, dass es den Gottlosen oft besser geht als denen, die Gott gehören und seinen Geboten folgen. Eine Anfechtung, die wir vermutlich auch kennen: »Warum geht es den Menschen so gut, die ohne Gott durchs Leben gehen, und warum geht es mir so schlecht, obwohl ich doch ihm gehöre?« Ich darf diese Frage stellen, sie ist schon alt. Gut ist es, wenn ich diese Frage Gott selbst stelle, mich mit dieser Frage ihm zuwende und sie nicht dazu benutze, mich von ihm abzuwenden. Der Psalmbeter geht mit dieser Frage in den Tempel (d. h. direkt zu Gott) und bekommt dort zum einen die Erkenntnis von Gott, dass es am Ende unseres Lebens einen Unterschied macht, ob wir mit ihm gegangen sind oder nicht. Zum anderen gibt er Gott das Versprechen, bei ihm zu bleiben, egal was kommt. Er entscheidet sich dazu, dass Gott allein für sein Glück ausreichen soll. Wenn wir dies von Herzen mitbeten können, wird uns nichts mehr in unserem Leben aus der Bahn werfen können. Ich bete V. 23-28 so lange nach, bis es meine Worte geworden sind, und ergreife die Zusagen darin, indem ich für sie danke.

---

3. Tag: Ich lese und meditiere Mt 26, 36-46, besonders V. 39. Auch im Leben Jesu verlief nicht alles so, wie er sich das vorgestellt hat. Als die Leidenszeit kam, war er von Angst und Traurigkeit erfüllt. Er wusste zwar, dass er gekommen war, um für uns alle zu sterben, trotzdem war dieser Weg nicht leicht für ihn. So bat Jesus seinen Vater in Gethsemane drei Mal, das Leiden von ihm abzuwenden. Gleichzeitig willigte er ein in den Willen Gottes. Da Jesus ein Mensch war wie wir, war es für ihn genauso schwierig wie für uns, einzuwilligen und Ja zu sagen. Ich nehme mir Jesus zum Vorbild und sage Ja zu den schwierigen Wegführungen und den »Schicksalsschlägen« in meinem Leben.

Ich bete folgendes Gebet von Charles de Foucauld:
Mein Vater, ich überlasse mich dir; mach mit mir, was dir gefällt.
Was du auch mit mir tun magst, ich danke dir.
Zu allem bin ich bereit, alles nehme ich an.
Wenn nur dein Wille sich an mir erfüllt und an allen deinen Geschöpfen,
so ersehne ich weiter nichts, mein Gott.
In deine Hände lege ich meine Seele.
Ich gebe sie dir, mein Gott, mit der ganzen Liebe meines Herzens,
weil ich dich liebe und weil diese Liebe mich treibt,
mich dir hinzugeben, mich in deine Hände zu legen ohne Maß,
mit einem grenzenlosen Vertrauen. Denn du bist mein Vater.

---

4. Tag: Ich lasse das Bild von der Erschaffung des Menschen (S. 98) auf mich wirken. So zärtlich, wie Gott auf diesem Bild Adam berührt, möchte er mich berühren, gerade da, wo ich besonders verwundet bin.

---

5. Tag: Ich lese, meditiere und bete Ps 63, 4: »Deine Liebe bedeutet mir mehr als mein Leben!« Kann ich das so sagen? Will ich das so sagen? Hier geht's an die Substanz. An dieser Stelle kann ich ihm meine Ängste sagen, das, worin ich diesen Vers so nicht sagen kann. Wo mir Dinge meines Lebens wichtiger sind als er. Wo mir Menschen wichtiger sind als er. Wo ich mich gegen ihn entscheiden würde, wenn mir etwas in meinem Leben genommen würde, das mir wertvoll ist, und ich wählen könnte. Ich kann ihm das hinhalten und um Vergebung bitten. Ich sage ihm, dass ich seine Liebe offensichtlich noch nicht tief genug kenne, dass ich ihm noch nicht so vertrauen kann und bitte ihn um mehr Liebe. Wenn ich es innerlich kann und will, kann ich aber auch einen Schritt weitergehen und ihm bekennen, dass mir seine Liebe wirklich mehr bedeutet als ... (Hier setze ich konkret ein, was mir kostbar ist.)

---

6. Tag: Ich lese und meditiere 1. Kor 13, 8-13. Unser Wissen ist Stückwerk. Jetzt sehen wir alles wie durch einen Spiegel, dann aber werden wir erkennen. Und: Die Liebe hört niemals auf. Das ist unsere Perspektive. Wir werden in unserem Leben nie alles verstehen, letztlich sogar nur Bruchstücke. Es gibt so viele ungelöste Fragen in unserer Welt und vermutlich auch in unserem Leben. Aber einmal, wenn wir bei ihm sind, werden wir verstehen. Dann werden wir erkennen, dann werden wir ihn erkennen, dann werden wir nichts mehr fragen müssen (Joh 16, 23), weil alles klar ist. Darauf gehen wir zu, wenn wir zu Jesus gehören. Dort ist nur noch Liebe. Dort wird kein Leid und keine Krankheit, keine Tränen und kein Tod mehr sein. Denn Gott wird sein alles in allem (Offb 21, 3-6). Ich antworte Gott in der Weise darauf, dass ich meine Fragen loslasse und ihm mein Vertrauen ausspreche.

---

7. Tag: Ich berge mich in seiner, Jesu, Nähe.

Notizen

Nachwort

Wenn Sie aktiv an diesem Kurs teilgenommen haben, liegt ein intensiver innerer Prozess hinter Ihnen, und ich hoffe, dass Sie etwas mehr Frieden mit ihrer Lebensgeschichte und so auch mit Gott schließen konnten.

Natürlich wird das nicht für alle schwierigen Bereiche Ihres Lebens gelten und es werden sicher noch weitere schwierige Erfahrungen hinzukommen. Ich selbst bin diesen Kurs nun zum dritten Mal durchgegangen. Das erste Mal, als ich ihn ausgearbeitet habe, das zweite Mal, als wir ihn in unserer Gemeinde durchgeführt haben, und das dritte Mal bei der Überarbeitung. Jedes Mal habe ich einen anderen Aspekt meines Lebens ins Gespräch mit Gott bringen können und ein Stück mehr von ihm erlebt. Beim letzten Mal habe ich aus der Fülle der Übungen nur ganz wenige gemacht, diese dafür aber immer wieder.

Und so bleibt mir am Ende der Wunsch, dass Sie dranbleiben an IHM, dass Sie immer dann, wenn Ihnen etwas »neues Altes« aus Ihrer Lebensgeschichte bewusst wird oder wenn Sie eine neue Schwierigkeit erleben, den einen oder anderen Schritt gehen können und Ihnen die verschiedenen Schritte sozusagen in Fleisch und Blut übergehen.

Denn alles soll uns zum Besten dienen. Alles soll uns näher zu Jesus führen, und wenn wir IHN haben, haben wir alles.

Danksagung

Anfang der 1980er Jahre hörte ich durch Wolfram Kopfermann wohl zum ersten Mal von »innerer Heilung«, dem Thema dieses Kursmoduls.

Ende der 1980er Jahre begegnete ich Utta und Christoph Häselbarth, die mich wichtige Dinge zum Thema Vergebung lehrten. Auch begleiteten sie mich bei der Verarbeitung meines Abschieds aus der evangelischen Kirchengemeinde, der leider nicht freiwillig war.

Ungefähr zeitgleich lernte ich die Vineyard Bewegung kennen und schätzen, die mir ein unverkrampftes, tiefes und sehr ehrliches Umgehen mit den Herausforderungen des Lebens vermittelte. Wichtige Menschen sind dabei für mich John Wimber, Martin und Georgia Bühlmann sowie Kathrin und Paul Lenoir.

2006 lernte ich Schwester Ruth Meili von der Communität Casteller Ring (CCR) kennen. Sie begleitete mich während zahlreicher Exerzitienzeiten und lockte mich immer wieder, Jesus einfach an mir wirken zu lassen und in Jesus genug zu haben. Von ihr habe ich zahlreiche Impulse für den Vertiefungskurs empfangen.

All diesen Menschen ein ganz herzliches Dankeschön für ihr eigenes Leben mit Jesus, ihr Vorbild, ihre Begleitung und ihre Freundschaft.

Bildteil

Die Erschaffung des Menschen
© Lioba Munz OSB, Abtei zur Hl. Maria, Fulda

Altar mit Schutzmantelchristus, Schwanberg
Foto: Birgit Schindler

Vorschau

Mit der Bibel im Alltag leben (Sommer 2011)

Beten – der heiße Draht zu Gott (Sommer 2011)

Gemeinschaft und Gemeinde, unsere geistliche Familie (V)

Vertiefung unserer Beziehung zu Jesus (V)

Vertiefung unserer Beziehung zum Heiligen Geist (V)

Unser Umgang mit Worten und Gedanken (V)

Vertiefung unserer Beziehung zum Vater (P)

Unser Umgang mit Konflikten (P)

Ihr seid meine Zeugen (P)

Heilung (P)

V = in Vorbereitung
P = in Planung

Die Bände 2 und 3 erscheinen voraussichtlich im Sommer 2011

Swen Schönheit
Unter offenem Himmel bauen
Begeisterung für wachsende Gemeinden
GGE Verlag, Hamburg 2006
€ 8.95, 160 Seiten
ISBN 978-3-9808340-9-4

Das neue Standardwerk zum Thema Gemeindeaufbau für Pastoren, Hauskreisleiter und engagierte Mitarbeiter. Entstanden aus der erfolgreichen Gemeindeaufbauarbeit einer landeskirchlichen Gemeinde in Berlin und in Seminaren erprobt. Gedanken zum grundsätzlichen Wesen und Charakter von Kirche und Gemeinde stehen am Anfang. Davon ausgehend entwickelt der Autor verschiedene »Bausteine« für neutestamentlichen Gemeindeaufbau und beleuchtet diese ausführlich. Außerdem beschäftigt er sich mit Modellen und Konzepten der letzten Jahre und setzt sie in den Kontext der Postmoderne. Ein besonderer Schwerpunkt bildet hier die Rolle des Pfarrers. Swen Schönheit plädiert für ein geändertes Amtsverständnis, weg vom Pfarrer als »Macher« und hin zum Selbstverständnis eines Motivators.

Einfach online in unserem Webshop bestellen!
Ab 25,00 € Einkaufswert versandkostenfreie Lieferung.
www.gge-online.de/shop

GGE verlag
Geistliche Gemeinde-Erneuerung
in der Evangelischen Kirche